JN075055

教室でできる
気になる子への
認知行動療法

実践ワーク編

松浦直己 著

中央法規

はじめに

「教育の構造化（枠組み）ってなんだろう？」、私が何十年も抱き続けてきた疑問です。この答えをみつけるために研究を続けているといっても過言ではありません。数年前、車を運転していたときだったと思います。ふっとある考えが思い浮かんだのです。それが本書で述べている、「やるべきことの明瞭度」と「ルールの透明度」でした。この２つの軸でマトリックスをつくると、教育のあらゆる場面の構造化のレベルが説明可能だと気づいたのでした。

机の上でマトリックスをつくってみると、小学校や少年院の学級・院内までのすべてがこの図のどこかに位置します。とても興奮しました。すごく複雑で厄介な事象を、極限までシンプルに説明できたのですから。

教育の構造化の レベルを上げる	＝	教育環境の質を上げる （集団へのかかわり）	＋	認知行動療法の応用 （個へのかかわり）

本書がいいたいのは、この単純な数式です。とても対応の難しい子どもたちを扱っている施設（例えば少年院など）では、教育内容や教示を極限までわかりやすくしながら、認知行動療法を応用しています。この場合の認知行動療法とは、「歪んだ認知（受け取り方）を修正し、望ましい行動を増やす」ということです。それを継続していくと、教育の構造化のレベルがぐんぐん上がっていくのです。

歪んだ認知を修正し、望ましい行動を増やすのが認知行動療法なら、この世のありとあらゆる教育は認知行動療法の要素を含んでいるといっても過言ではありません。非常に対応が難しい少年らを対象とした少年院や児童自立支援施設で展開されている教育は、最も完成度の高い認知行動療法であると私は考えています。まったく別の歴史を歩みながらも、両者に共通点が多いのは決して偶然ではないと思います。

本書では、認知行動療法を実施する先生の対人援助スキルの向上にも重点をおいています。学校や学級で認知行動療法の技法を応用することは、先生自身のスキルをアップさせることにほかなりません。逆に先生としてのスキルがアップすると、自然に認知行動療法の技法が身についているともいえます。

本書には、「精神医学や臨床心理の理論をそのまま教育現場に持ち込まない」というやや過激な表現の一節があります。強調したいのは、どんなに素晴らしい理論でも完璧なものは存在しないということ、そしてその現場の状況にあわせて修正が不可欠であるということです。本書はあくまでも学校バージョンの認知行動療法をできる限りわかりやすく先生に理解していただくことを目指しました。

前著が予想より好評で、ワークシートをつくって欲しいというご要望に応えるために、多数のワークシートも用意しました。子どもと先生が、会話をしながら一緒に書き込めるようなイメージで作成しました。どうぞ遠慮せずコピーしてお使いください。

2020年８月　松浦 直己

contents

第3章 子どもと使えるワークシート

第4章 ケースでみるワークシートの活用法

コラムに掲載された精神疾患の診断基準

付録 コピーして使えるワークシート

解説マンガ

3ステップの ワークシートで適切な支援へ

教室のなかの、気になる子と一緒に取り組むワークシート。3ステップで、どう改善していけばよいかをわかりやすく導きます。1つのケース例をご紹介しましょう。

A君
また怒りが
収まらない…
どうしたら
いいんだろう…
このワークシートで
整理してみましょう！
Step 1 「認知の歪み」を理解する（78ページ）
「認知の歪み」には、
10のタイプがあります。
このシートに
照らし合わせて…
まずはA君の
認知の歪み度合いを
把握しましょう
へぇ～…
A君の総合点は26点ですね。
総合評価に照らすと…、
結構手強いですね
本書の指導内容をよくみて、
A君と向き合って
みてくださいね

Step 2 感情に働きかける（84ページ）
Step 2と3は、子どもと協働でワークシートを埋めていき、自分の感情に気づかせたり、それが起こったらどのように対応すればよいかを学んでもらいます。
A君は工作が壊れたのはM君のせいだと言い張り、みんなが引いてしまうほどパニック症状を起こしていましたね。
まず本人はどんな気持ちだったのかを一緒に確認していきます
A君、今日パニックになってしまったよね
うん
今日の出来事での怒りを10段階で表すとどれくらい？
うーん、8かな
【感情に向き合う】シートを使ってみよう…
えっ
A君はすごく怒っていたようだけど、先生は2ぐらいが適当だと思うよ
あれ？！ そう？

M君はA君を手伝っていたんだよ
そっか…
じゃあ、クールダウンするにはどうしたらよいか、考えてみよう
うん
机を叩く前に深呼吸をしてみる、とか？
先生もA君のことがますますわかってうれしいよ
いいね！
Step 3 行動に働きかける（90ページ）
次にこのシートでどう行動するとよいか、考えましょう
なるほど
次に同じことが起きたときのために、このシートをやってみようよ
うん
【誰（何）のせいか？】のシートを使おう…

今日はどんな
問題が起こったんだっけ？
理科で作ってた
車のおもちゃの
輪ゴムが
切れた！
そうだったね。何が原因かな？
誰が悪いのかなぁ？
M君が悪いんだよ！
だって輪ゴムを思いっきり…
でも、A君とM君で
一緒につくってたよね
え…そうか…
M君はA君の車の輪ゴムをかけやすいように支えてくれてたよ。たまたま手に持ったときに切れちゃったのかな？
そうかも…
じゃあ、次のときはどうしたら
よいか、このシートに
書いてみると安心だね
うん！

いつまでも自分の失敗を
M君のせいだと
誤って認識していると、
適切な行動は望めません。
事件が起きたら、
先生は生徒と一緒に検証し、
正しい認識へと導き、
行動を変容させる
働きかけが大切ですね

すぐに対応できるのが、
学校での認知行動療法の
強み、でしたね！
ほかにもさまざまな
ワークシートがあるので、
ケースに応じて
活用してください

学級の構造化を把握しよう（98ページ）

厳しいS担任の
とき、A君の
問題は表面化して
いなかったな。
なぜだろう？

学級構造化
ワークシートを
使って、
クラスの状況を
把握して
みましょう

いまはこの段階ですね。
やるべきことの明瞭度とルールの
透明度をあげていくことで、
同様の効果が得られるはずです。
学級構造化シートを活用すれば、
支援が必要な子どもがいても、
学級経営は安定するはずです

第1章

学校・学級でこそできる認知行動療法

認知行動療法は教育的な治療法であるといわれています。教育的というのは、「具体的なスキル獲得を目指している」という意味です。スキル獲得には教育の構造化が欠かせません。本章では「教育の構造化」に焦点化しつつ、学校・学級での認知行動療法を解説します。

第1節 学校・学級でなぜ認知行動療法が有効か？

日本の学級経営の技術には、すでに認知行動療法の技法が埋め込まれています。時間的・空間的に高度に構造化された教育環境では、認知行動療法が奏功しやすいのです。

認知行動療法は教育的な精神療法である

医学分野では、認知行動療法は、うつ病や不安障害などの治療において、科学的根拠に基づいて有効性が報告されています。しかし、教育現場で“精神療法”というと、聞き慣れないという印象を与えてしまうかもしれません。

本書は「学校における認知行動療法の応用」というテーマを扱っています。そのため、前提として医療モデルの認知行動療法を知っておく必要はありません。学校の教育システムをよくご存じの先生方に、このように認知行動療法を応用するのですよ、という内容になっています。

さらにいうと、学校で認知行動療法を応用するために、こんなスキルを磨いてくださいね、というメッセージも含んでいます。本書の内容を理解し、教育現場で実践し、対応の難しいお子さんに指導していくなかで、先生方のスキルが確実に高まっていくであろうと、私は確信しています。

なぜでしょうか？　それは、**認知行動療法が極めて教育的な精神療法だからです。認知行動療法は、具体的なスキルの獲得を目指しています。**教育では子どもを認め、子どもに寄り添うことは基本ではありますが、不適応な言動をそのまま認めることはありません。時には指示的になったり、教示的になったりすることさえありますが、究極的には、子ども自身の協力を引き出しつつ、「偏った認知を修正しながら、適応的な行動を増やしていく」ことを目指します。

“全面的受容”とか**“全面的共感”“カウンセリング・マインド（傾聴）”**というキーワードをお聞きになったことがあるでしょう。このような曖昧で聴き心地のよい用語は、臨床心理学では頻繁に使用されています。しかし、対応の難しい子どもに対しては、上記の対応だけでは治療効果に乏しく、これまでも多くの批判にさらされてきました。このキーワードは、認知行動療法とは逆の、非構造化精神療法（難しい用語ですみません！）の中核的要素と考えられています。驚くべきことに、対応が難しい子どもたちに対しては、**“全面的受容”**とか**“全面的共感”“カウンセリング・マインド（傾聴）”**を**強調する非構造化精神療法**は、まったく有効性がないことが示されています(Weisz, 2004)。**対応の難しい子どもが必要としているのは、スキルのある先生と、その先生が提供する教育的な認知行動療法なのです。**

学校は時間的・空間的に構造化されている

前著『教室でできる 気になる子への認知行動療法』でも述べましたが、認知行動療法ともっとも親和性が高いのが、構造化された環境です。構造化されているとは、やるべきことがはっきりしていて、ルールも明確になっているということです。

当たり前のようですが、これはなかなか難しいことです。例えば、家庭ではどうでしょうか？　両親のいうことや、要求水準が異なることはよくあることではないでしょうか。病院でもそうですね。一人ひとりの状態が異なるので、Aさんと B さんとではやることが違ったり、ルールが異なったりすることはよくあるのです。よって、構造化することはかなり難しいのです。

一方で、学校は高い水準で構造化しています。全国どこの学校に行っても、1時間目から4時間目まで、時間割に沿って授業が進められていますし、給食と昼休み、掃除をはさんで午後の授業が展開されます。1年を通してみても、4月の入学式、家庭訪問から5月の運動会や授業参観、3月の卒業式まで、やるべきことが明確に決まっています。これを時間的に構造化されている、と名付けましょう。

さらに、日本の学級の最大の特徴として、学級構成員（クラスメイト）がいわば共同体となって、1年間固定されたなかで濃密な人間関係を構築していくことがあります。例えば、学級の係、給食の係から掃除の当番まで小集団の構成員を変更しつつも、クラス全体の共同体意識を高めるよう工夫されています。一旦クラスメイトになると、遠足や行事に至るまで、すべてクラス単位で協働して取り組むように差配されているのです。これを空間的に構造化されている、と認識しましょう。

認知行動療法は子どもと先生との前向きな対話を基盤としている

認知行動療法は、クライアント（患者）と治療者との対話を通じて治療を進めていくという特徴があります。治療者は、クライアントの病気の状態を把握し、どのように治療していくかという方向性をクライアントと共有します。例えば、「気分の落ち込みや興味・関心の減退という、典型的なうつ症状が出ていますよ」とクライアントに伝え、病気の全体像を理解してもらうのです。これを心理教育といいます。

また、対話を通じてクライアントの認知の歪みを把握し、それを説明して認知の歪みを理解してもらいます。「あなたは、すべてうまくいかなければ、まったくの失敗だったと考えがちですね。それを【全か無かの思考】といいます。代表的な認知の歪みですよ」といった感じです。

医療モデルの認知行動療法をそのまま教育に持ち込まない

医療現場では、認知行動療法は多くの精神障害の治療に応用され、効果をあげています。うつ病や不安障害、強迫性障害の精神療法では第１選択肢になっているほどです。これほど効果が期待できる治療法なので、当然子どもや青年の発達障害にも応用可能だと思われたのですが、学校現場ではそれほどの広がりをみせていません。それどころか、「ティーチ（TEACCH）プログラム」や「感覚統合療法」などは取り組み例も多く、広く知られている一方で、認知行動療法の実践例は限られ、知名度も高くありません。なぜでしょうか？

その答えは、医療モデルの認知行動療法をそのまま教育現場に持ち込もうとしてうまくいかなかった、ということではないでしょうか。言い換えれば、認知行動療法そのものの有効性は担保されているけれども、学校というシステムに最適化した認知行動療法が必要だったということなのです。

本書が提示するのは、まさに学校のもっている構造化を最大限利用した認知行動療法です。学校と医療の認知行動療法の実践において、以下の相違点を整理することでより理解が深まると思います。

❶即時介入

病院やクリニックで認知行動療法を受ける場合、一般的には１、２週間に１回程度、長くても３か月～半年の治療となります(12 回の治療の場合)。治療者からの宿題（ワークシートに書き込むなど）があったとしても、随分間隔が空いてしまいます。仮に感情の爆発があったとしても、生命の危機と感じるほどの不安感に苦しんだとしても、治療者に会えるのは1週間後である可能性が高いのです。

一方で、学校・学級で実施する認知行動療法では、問題があったときに即時介入することができます。例えば感情爆発に伴う自傷・他傷行為があった場合も適切にクールダウンさせることが可能です。またクールダウン後に、先ほどの場面をフィードバックして、どのように行動したらよいか、具体的な教示が可能です。さらに腕のよい先生なら、問題発生の可能性を察知して、先手を打つことも可能でしょう。つまり、問題発生を未然に防ぐことを繰り返すことで、子どもたちに予防のスキルを獲得させることもできるのです。

このように、学校では即時介入が可能である点が、圧倒的なアドバンテージだと思います。もちろん、すべて即時介入することが有利なわけではありません。興奮してしまったときには場所を変え、時間をおくことが必要です。その後タイミングを見計らって介入するのが望ましいでしょう。その点まで含めての即時介入が学校では可能なのです。

❷フルタイム形式

医療現場の認知行動療法では、1回の治療時間(セッション)は60〜90分程度でしょう。深刻で多様な問題を抱えた子どもたちにとってはあまりに短く、これでは適応的行動の汎化は望めません。

一方で、学校では教科学習から行事、給食・掃除まで多様な活動が含まれており、その子の課題に応じて認知行動療法を提供することができます。フルタイムというのは、登校から下校まで治療的かかわりを実施せよということではありません。子どもの状態や課題にあわせて、柔軟に認知行動療法を応用したり、通常の学習活動に参加させたりしましょう、という意味です。

❸主導権を握る治療者が1人(担任)+多リソース

通常学級でも特別支援学級、特別支援学校でも、多くの学習活動の主導権を握っているのは担任です。そのことが、日本の学級の構造化を特徴付けています。例えば、守るべきルールや細かな学習の手続き、子どもたち同士の交友関係のあり方など、担任の指導が一貫していることで、教育環境の安定化がもたらされます。

また、学校にはさまざまな職種の方々が存在します。例えば校長先生、教頭先生、養護教諭、管理員、調理師など。子どもがいろいろな大人に助けを求めたり、逆に支援を提供したりできる学校こそ理想的です。先生とはうまくいかないけれど、管理員とは話があう、調理や物作りのときはとっても素直なよい子、という子どもも複数経験しました。いろいろな大人にほめてもらったり支援してもらったりできるのが、学校のよいところですし、治療効果も高まります。

一方で、子どもが深刻な行動上の問題を示しているとき、まったく逆の支援がおこなわれているのを目にします。主導権を握るべき担任が、ほぼ白旗状態になり、「1時間目は○○先生、2時間目は学生ボランティア、3時間目は教頭先生、4時間目は…」といった感じで、1対1対応に終始してしまっているのです。本来なら、主導権を握る担任が、「1時間目は○○先生に支援していただくので、君はこのプリントをやって、できたら先生に持ってきてね」と伝えなければならないのですが、まったくそうなっていません。いわば支援の先生にすべておまかせ、丸投げ状態になっています。もちろん、構造化という枠組みも崩壊しています。

個別の支援といいながら、行き当たりばったりの学習内容で、守るべきルールも不透明なままでは、効果が上がるとは思えません。単に、クラスメイトと一緒の場所で学習しているにすぎません。このようなインクルーシブ教育は避けるべきです。多リソースを有効活用するときほど、教育環境の構造化に留意するべきなのです。

❹介入場面が多様

不適応な行動を多発させる子どもたちを観察すると、多くの場合、ある一定のパターンがあります。例えば、掃除時間や休み時間に決まってパニック行動が出てしまう、はじめてのことを挑戦させようとすると不適応行動が出てきてしまう、などです。

学校ではさまざまな機会をとらえて、認知行動療法を提供することが可能です。得意な場面では成功体験を積み上げ、苦手な場面では認知行動療法の技法を応用するのです。適応行動の汎化には、多様な介入が必要であり、介入場面が豊富なほど効果も上がります。

❺低コスト

当然ですが治療費はかかりません。

しかし、上記5つのポイントはプラスでもあり、マイナスでもあります。即時介入やフルタイムの支援が可能とはいっても、先生の負担は膨大です。

多リソースを活用できたとしても限界はあるでしょう。完璧な治療法は存在しないのです。

表1 学校におけるCBTと医療現場でのCBTの相違点

学校におけるCBT	医療現場でのCBT
即時介入（リアルタイム）	時間差介入（タイムラグ）
フルタイム形式	セッション形式
主治療介入者が1人（担任）+多リソース	主治療介入者が1人
介入場面が多様	治療場面は通常は限定
低コスト	治療費個人負担

CBT：Cognitive behavioral therapy（認知行動療法）

❻先生がモデルになれる

先生は、あらゆる場面で子どもたちのお手本となっています。例えば、適切な場面でタイミングよくほめることで、「一人ひとりを大切にしているよ」というメッセージを送っています。子ども同士のトラブルがあったとき、適切に指導することで、問題解決のスキルを提示しています。守るべきルールを明示し、少しずつルールを守らせるようにすることで、構造化という枠組みを視覚化させているのです。

先生、つまり治療者がモデルになれることが、学校での認知行動療法の最大の強みです。行動上の問題を解決するために、具体的な方法を提示し、先生がその子どもの長所や短所を踏まえたうえで、子どものモデルとなって問題解決にあたるのです。

少年院に見学に行ったときのことでした。少年院には相当非行化が進んだ少年しかいませんが、当然ながら学習到達レベルも低く、生活態度もよくありません。彼らは朝起床するとシーツを畳み、ベッドを整理して、集団で朝食をとります。その後運動や集団訓練、学習へと日課をこなしていきます。

ある教官によると、入院直後、ほとんどの少年はシーツを畳むことさえできないそうです。学習や運動でも、ついていくのに相当苦労するとのことでした。しかし、教官が一つひとつモデルになって具体的に教えていくことにより、約1年後の退院時には生活態度は顕著に改善し、驚異的に学力も向上していくのだといいます。

不適応な行動を指摘し、改善を求めるだけでは事態は変化しません。認知行動療法は具体的なスキル獲得を目指します。よって治療者（先生）による、具体的なスキルの提示がカギとなります。「先生がモデルになる」ことを強く意識することによって、学校での認知行動療法は効果を発揮します。

学校での認知行動療法は、先生のスキルアップを求める

これまで述べてきたように、認知行動療法も魔法の治療法ではありません。さまざまな課題はありますが、認知行動療法は教育的な介入法なので、学校や教室との親和性は高いのです。その証拠に本書で書かれた技法は、学級経営が得意な先生方によって既に実践されています。

認知行動療法がこれまで教育現場で広まらなかったのは、実施するにあたって、先生のスキルアップが求められる点にあったのではないでしょうか。先生方が認知行動療法を応用することによって、結果的にスキルアップに繋がることを期待していますし、本書のワークシートもそれを意図して作成しています。

学校での認知行動療法を支える構造化とは

本書では「やるべきことの明瞭度」「ルールの透明度」の２軸を使用して、教育環境の構造化を説明しています。これを理解して、“個別支援充実化の罠”を回避しましょう

「時間的・空間的に構造化されている」ことの利点

前節で、「学校は時間的・空間的に構造化されいる」と説明しました。つまり、学校は１時間目が国語、２時間目は算数、というように、厳密に授業時間や休み時間、給食の時間など、時間的な構造化がなされています。

空間的に構造化されているのも日本の学校の大きな特徴です。４月に学級が決まると、学級構成員（つまりクラスメイト）は授業を受けたり、行事に参加したり、掃除や係活動に至るまで、いわば一種の共同体として機能します。自分が活動すべき場所が固定されており、共同体構成員の変動はほぼありません（つまり担任やクラスメイトが変わることはまずあり得ないのです）。

こういった構造化は子どもたちにとって、とてもわかりやすいのです。注意欠如・多動症（以下 ADHD）児や自閉スペクトラム症（以下 ASD）児、そして知的障害児への治療でも、環境の構造化は特に有効であると、多くの研究結果が示しています。つまり、**支援してくれる人が決まっていて、周囲の環境が安定していることが重要**なのです。

個別のサポートだけでなく、集団へのサポート（学級の構造化）がカギ!!

図１は前著『教室でできる 気になる子への認知行動療法』でも解説しました。横軸は「個別へのサポート機能レベル」を意味します。例えば、個別の支援が必要な子どもがいて、その支援がうまくいっているときは、右へ移動します。つまり、個々への支援がうまくいっている状態はＩ（ラージＩ）、逆にうまくいっていない場合はｉ（スモールｉ）となります。

支援が必要なＡ君を含めた集団が、共同体として機能するかは極めて重要な問題です。例えば社会性に困難をもつＡ君が、クラスメイトに受け入れられている場合、Ａ君は安心して学習活動に取り組むことができます。また学習に困難をもつＢ君が、宿題の量を半分にしてもらっていて、さらに共同体としてのクラスメイトが、それを合理的配慮だと認識し、Ｂ君を応援している場合には、全体としての学習意欲は高まるでしょう。

このようなメンテナンスを集団へのサポート、つまり「学級の構造化」といいます。このような構造化が奏功している場合、Ｇ（ラージＧ）となり、逆にうまくいっていない場合はｇ（スモールｇ）となるわけです。

「個別の支援を一生懸命しても、なかなか効果が出ない！」という悲鳴をよく聞きます。それは、集団へのサポート機能レベルが高まっていないからです【Ig（ラージＩ、スモールｇ）の状態です】。実は個別のサポートの効果は、集団へのサポート機能レベルに依存しているのです。Ig が長期化し、個別の支援ばかりが増加して、先生が疲弊してしまう現象を、私は“**個別支援充実化の罠**”と呼んでいます。

図1 個別へのサポート（個別の支援）と集団へのサポート（学級の構造化）

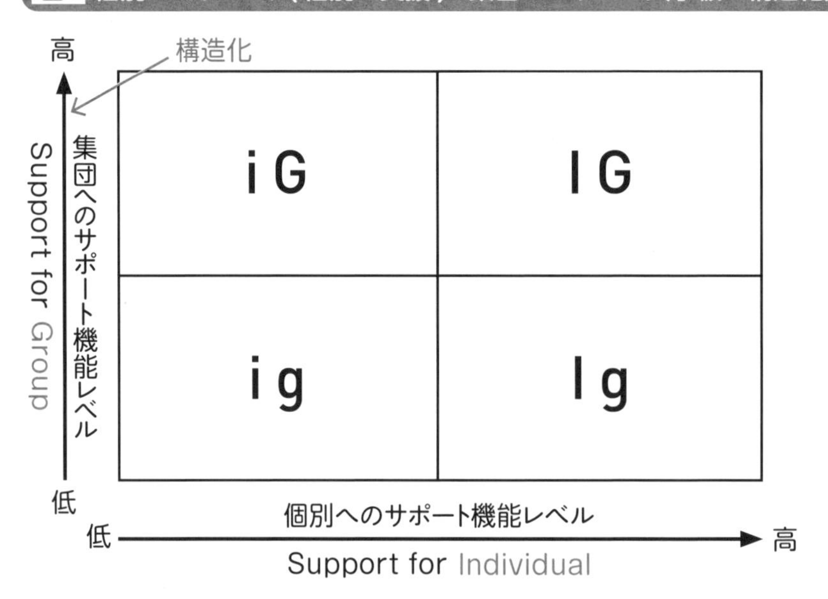

構造化をさらに２つの軸で説明すると

図１の縦軸の構造化をさらに２つの軸で説明しましょう。図２を私は、“**教育環境の構造化マトリックス**”と名付けています。

縦軸は「やるべきことの明瞭度」です。１時間の授業で取り組むべきことや目的が明確で、終わりもはっきりしている状態が「高明瞭度」状態です。高明瞭度状態では、子どもたちの学習意欲は高く、充実感があります。何より安心して取り組むことができます。

一方、横軸はその教育環境における「ルールの透明度」です。ここが少しわかりにくいかもしれません。「ルールの透明度が高い」とは、その場で守るべきルールが明確で一貫性がある、ということです。例えば、教室では授業中私語はしないとか、作業が完了したら必ず先生に持って行く、などのルールが、例外なく全員に適用される場合に「ルールの透明度が高い」といえるのです。

図2 教育環境の構造化マトリックス

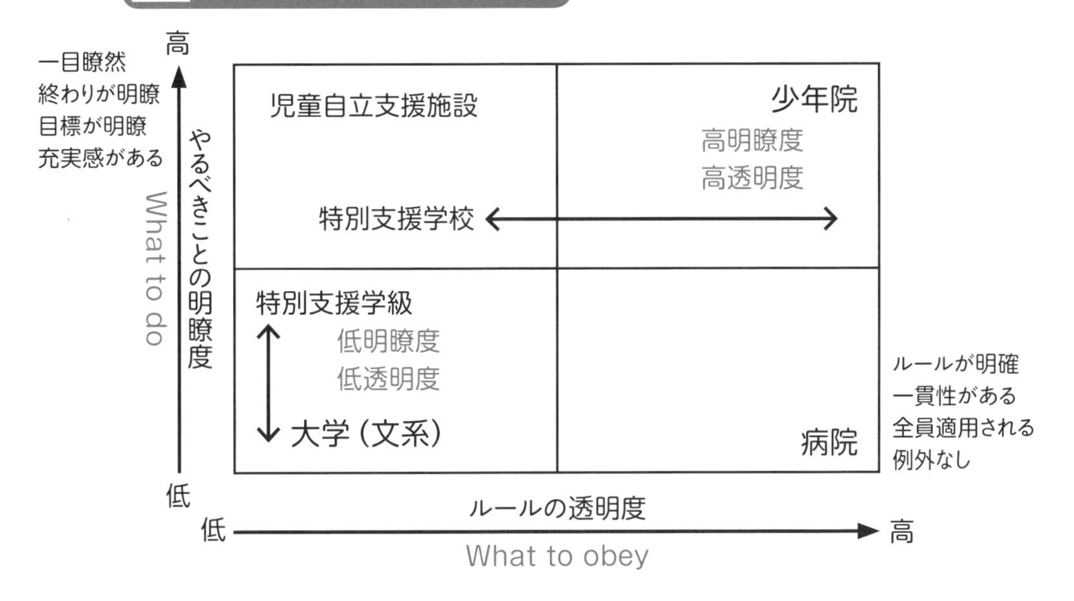

認知行動療法を支える教育環境の構造化

私の長い研究生活のなかで、偶然にも発見した事実があります。やるべきことの明瞭度が最高に高く（高明瞭度）、同様にルールの透明度も高い（高透明度）教育環境を提供していたのは少年院である、ということでした。これは驚くべき発見でした。“**教育環境の構造化マトリックス**”を使って少年院の教育環境の構造化を説明したとき、あらゆる教育環境（例えば学校、家、施設）の構造化もこのマトリックスで説明可能だと気づいたのです。

少年院では、朝起きてから、分刻みでやることが決まっています。洗顔からシーツ畳みにはじまり、就寝前の日記まで、すべて１日のルーティンが決まっています。

はじめて少年院に来た少年はあまりの忙しさと厳しさに面食らいますが、しばらくすると慣れます。毎日同じことを繰り返すうちに、すべて見通しをもって臨むことができ、スキルが高まり、安心して取り組むことができるのです。

また少年院では守るべきルールがすべて文章化されていて、明確に少年に伝えられます。守らなければ指導を受けますし、懲戒を受けることもあります。“A君は守らなくてはならないけれど、B君は守らなくてもいいよ”という状況はほぼありません。ルールは全員に適用されていて、しかも一貫性が高いのです。

第1節で、「すべての教育は認知行動療法の要素を有している」と述べました。あらゆる教育は、「認知のくせや偏りを修正し、適応的な行動を増やしていく」ことを目指しています。つまり、認知行動療法なのです。少年院では、明瞭度と透明度の構造化を最高に高めて質を維持することにより、最も水準の高い認知行動療法を展開しているのです！

やるべきことの明瞭度は下げるべきでない

構造化のレベルはどの程度が望ましいのでしょうか。率直にいうと、答えはありません。高明瞭かつ高透明の構造化は確かに効果抜群ですが、自由度が少なく、維持するにもコストが高くつきます。透明度については、**どのレベルの構造化がよいかではなく、この子どもたちにとって、どのレベルの構造化が適切か？**　という問いを立てることが重要です。そして、子どもたちの実態にあわせて、学期ごとに構造化レベルを変化させていくことも必要です。

しかし、やるべきことの明瞭度は下げるべきではありません。どんな子どもでも、そして発達の問題がある子どもほど、やるべきことや目標、終わりが明確であれば、取り組みやすくなります。**取り組みやすくすることこそが、子どもたちにやさしい教室なのです。**

合理的配慮が行き届いている状態は、「ルールの透明度を意識的に下げる」こと

通常学級でルールの透明度を高くすることは至難の業です。読み書きに障害がある子どもが、タブレットを使ってノートをとったり、作文を書いたりすることで学業成績が向上する場合、このような合理的配慮は推奨されるべきです。タブレットを使用してよい子どもと、使用してはいけない子どもが同一教室内に存在しますので、ルールの透明度は下がるといえます。また、書く障害がある子どもに対して漢字の宿題を半分にすることは合理的配慮といえますが、同様にルールの透明度は下がります。

しかし配慮される子どもが納得し、周囲の子どもも理解して、応援している

場合には、これは合理的配慮が行き届いている、望ましい状態なのです。つまり、個々の合理的配慮が適切に提供されているということは、「ルールの透明度を意識的に下げている」ともいえるのです。**学級集団の成熟度により、ルールの透明度を下げることは、むしろ望ましいことなのです。**

column

子どもの感情爆発の障害❶

反抗挑発症／反抗挑戦性障害

- ささいなことで反抗する
- 自分の非を認めない
- いつもイライラしている
- いつも不機嫌である
- ちょっとしたことでも声をあらげる
- ささいなことでかんしゃくを起こす

このタイプをご覧になると、「ああ、いる、いる、確かに」とうなずかれたことでしょう。先生としてはこのような子どもが学級にいると、かなり手強いですね。このような症状が顕著な子どもは、自閉スペクトラム症と診断されている可能性があります。ある意味、専門家の問題でもあるのですが、対人関係機能が損なわれていると、自閉スペクトラム症と拡大診断されるケースも多いのです。しかし、「目はちゃんとあっているし、表情も理解して相手の心も読んでいる」という場合、「へぇー、こんな自閉スペクトラム症の子どももいるのだな」なんてヘンテコな状況が生まれています。上記にあるような感情爆発の症状が顕著だと (図 3)、当然対人関係で支障が生じますから、教育現場もそのような診断に納得している状況があるのです。

図 3　感情爆発の障害とその他の障害との関連性

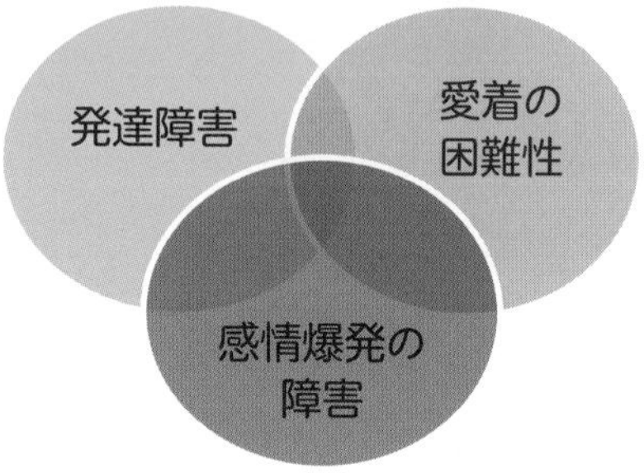

「反抗挑発症／反抗挑戦性障害」の診断基準を見てください（146 ページ）。キーワードとしては、「怒りっぽくイライラ」、「口論好きで反抗的」、「執念深い」の 3 つです。8 つのエピソードの内、4 つ以上が半年以上継続すると診断基準にあてはまります。思春期の反抗と大きく異なるのは、持続性（早期からとどまることなく）と頻度 (5 歳以上なら週に 1 回はかんしゃくを起こすなど) です。

この障害ではかなりの割合で ADHD を合併することが知られています。授業中いつも机に伏せていて、椅子を前後にギッタンバッタンさせており、先生によく注意されている子どもが、上記のようなエピソードを示す場合には注意が必要です。このような子どもは先生の叱責に反応して、よりかんしゃく行動が激しくなることがあります。

留意すべきは、この症状はおかれた環境によって随分変わるということです。教育環境の構造化が脆弱な（先生のコントロールが弱い）環境では、子どもはより反抗的になり、かんしゃく行動が増加することがあります。逆に厳しめで守るべきルールを徹底させる先生のもとでは、落ち着いて人なつっこく安定することがあるのです。

これは障害であっても、人は強く環境に影響される動物であることを示しています。

※コラムで紹介する３つの障害は、精神医学的には「秩序破壊的・衝動制御・素行症群」という分類になります。本書では、「感情爆発の障害」としてまとめています。

第2章

対人援助スキル向上マニュアル

学校の先生は対人援助のプロである必要があります。なぜなら、どのような素晴らしい治療法が存在したとしても、それを応用する人のスキルが決定的に重要だからです。本章では認知行動療法を実践するうえで、対人援助技術をいかに獲得し、磨き続けていくかについて、わかりやすく解説します。

第1節 認知行動療法は対話で進める

学級での認知行動療法の治療者は主に担任です。認知行動療法は対話で進めることが多いので、治療者は常に対話技術のスキルを磨き続ける必要があるのです。

先生が治療者である

第１章で認知行動療法は対話で進めるとお話ししました。通常、対話とは友人とか夫婦のような並列的な関係で行われます。一方、学校での認知行動療法の対話では、先生はあくまで「治療者」として位置付けられなければなりません。つまり、それほど専門性やスキルが要求されるのです。しかし前章で述べたように、学級の構造化に長けた先生方にとってはそれほど難しいことではありません。もう既に実行されていることも多いでしょう。本書は、「なんとなくわかっていたけど、そういうことだったのか！」ということを言語化しています。そして、できるだけわかりやすく説明しています。本書を読んでいただき、やれるところから、そしてご自身の得意なところから、のちに紹介するワークシートを活用して取り組んでみてください。

認知行動療法に関する本は驚くほど多数出版されています。実は、子どもや青年を対象とした書籍もたくさんあるのです。しかし、多くは「自分で読んで、解決しよう！」とか、「子どものために、自分でこのワークシートを活用しましょう！」という本ばかりでした。

本書は、**先生が治療者の立場で主導権を握り**、基本的な認知行動療法の技法を、教育現場に応用していけるように設計されています。ポイントは、学校の実情や教育現場に最適化するよう、認知行動療法を再構築している点です。いわば“医療モデル”ではなく、“学校モデル”の認知行動療法を、より実践的に提案しています。この点は他の書物とかなり異なっており、医療で展開されている認知行動療法とも大きく異なっていると思います。

その理由は、現場の先生方が対応に苦慮されているのは、“発達障害”や“愛着障害”の子どもたちというよりは、障害の有無にかかわらず、かんしゃくや自傷、他傷行為などのパニック行動だからです。そのようなパニック行動、不適応行動の背景には、共通して「認知の歪み」が存在し、「感情の爆発」が併発しているのです。そこに着目し、どのように先生が理解し対応すればよいのかについて焦点化しています。よってワークシートも、子どもと先生が協力して活用できるように工夫しています。

先生は、学級経営を進めるうえで、あらゆる学習活動の主導権を握っています。先生が治療の主導権（イニシアチブ）を握ったとき、治療効果が表れるのは当然といえます。よって本書では、**先生が治療者＝治療の主導者であることを提唱しています。**

認知行動療法に向いている先生とは

先生が治療の主導権を握るとき、認知行動療法の効果は顕著に上がると考えられます。治療自体は難しくないと思いますが、誰でもできるわけではありません。以下の３つの条件を満たした方にはうってつけの治療法です。

❶ 共感的であること

子どもとのよい関係を構築することが教育の第一歩であることは、誰もが認めることでしょう。しかしそれはなんと難しいことか。もちろん、クラスの子どもたちがみんな品行方正なよい子たちばかり…なら問題ないのですが、そんなことはあり得ません。一方で、パニック行動や不適応行動を頻発させている子どもがいるときこそ、先生の腕の見せどころなのです。なぜなら、そのような行動を示している子どもたちこそ、どうしたらよいかまったく見通せず、苦しんでいて助けを求めているからです。

子どもが、楽しんでいたり輝いたりしているときに、ほめたり共感したりすることは難しくありません。一方で、反抗的であったり挑戦的であったりするときこそ、その子の苦しみや悩みに寄り添い、共感することには、高いスキルが要求されます。学校での認知行動療法の応用は、そのような対応の難しい子どもへの適応を想定しています。よって、**認知行動療法の適応の前に共感的に子どもに接する姿勢が求められるのです。**

❷ 親しみやすいこと

個人の相性を否定することはできませんが、多くの人を惹きつける魅力的な先生は存在します。体全体から親しみやすさがにじみ出ています。学校の先生方にそのような方はたくさん存在し、実際にお目にかかると、子どもたちとの関係もとても良好です。当然かもしれませんが、共通点としては学級経営も教育環境の構造化も得意な先生方です。では、その先生のもっている才能のおかげで親しみやすいのでしょうか？　いいえ違います。そのような先生をみていると、**常に子どもたちに話しかけ、笑顔で対応し、心配している子どもには丁寧に対応し、ちょっとしたことにでも言葉をかけているのです。**いわば常にタネをまき続けているのです。

常に親しみやすい雰囲気を醸成することにより、何かあったとき、本人の協力を得られやすくなります。そして緊急時には、周りの子どもたちの協力を引き出しやすくしているのです。結果的に、学級経営や学級の構造化がうまくいっているのだと思います。

❸ ユーモアがあること

何か大きなパニック行動や不適応行動があったとき、その子どもはもちろん、学級全体が暗い雰囲気に包まれます。息苦しいムードのなか、一種の清涼剤の役割を果たしてくれるのがユーモアです。学級の主導権を握る先生からのタイムリーなユーモアは効果抜群です。

ユーモアはやさしさでもあります。「どんなことがあっても大丈夫。なんとかなるよ。なんとかしようよ！」というメッセージなのです。ユーモアは強さでもあります。「何があっても大丈夫！　先生に任せておいて！」というメッセージでもあるのです。

暗い雰囲気に包まれたとき、**子どもたちが先生の抜群のユーモアに期待する、そんな状況が構築できたとき、あらゆる問題は解決できると思います。**

対人援助スキルを上げる

対人援助スキルの基本は「聴く」ことです。相手の話を単に「聞く」のではなく、相手を理解することこそが「聴く」ことなのであり、それはとても難しい技術なのです。

「聴く」ことの重要性

職業柄、ということもありますが、筆者は年間を通して相当数の相談を受けます。地域の幼稚園や小・中・高校、特別支援学校から、発達相談や教育相談の依頼を受けますが、そのほとんどはとても難しいケースです。学校側がお手上げ状態で、教育委員会の指導主事の先生方でも解決に至らなかったケースなどです。

立場上（精神医学を専門としているので）、学生相談の窓口となることが多く、担当する講座に所属する学生から面識のない学生まで、突然研究室のドアを叩いてくることもしばしばです。

自分の専門領域の関係上、福祉関係の方々（例えば児童相談所など）や司法関係（少年鑑別所や少年院などの施設）の方々もよく研究室にいらっしゃいます。アポイントなし、ということはありませんが、複数人で研究室にいらっしゃることが多く、多領域での協働作業が不可欠な案件が少なくありません。

仕事上もっとも交流頻度が高いのが、県および市町の教育委員会の指導主事の先生方です。多くの教育委員会では、生徒指導上および特別支援教育関連の難題を抱えています。少しお話を伺うだけでも、「それって解決できるのかしら？」と思ってしまうような難しいケースです。そのようなケースの相談や、研修や講演をすることもあります。

さらにここ数年は、全学のハラスメント相談員も委嘱されています。これに関してさすがに数は多くないのですが、重い内容ばかりです。自分の勉強になるとはいえ、やや異常な状態であることを自認しています。

少し極端な表現ですが、朝から晩まで入れ替わり立ち替わり相談者が来室し、さまざまな立場の方々の多様な相談を受けている、という日もあります。当然ながら疲れます。非常に疲れます。どうして疲れるのでしょうか？　実は意気投合する人と話したり、上手に悩みを聴いてもらえたり、持論を展開したりするだけでよいなら全然疲れないはずです。むしろすっきりするくらいでしょう。

逆に、人の話を「聴く」というのは、ものすごく高いスキルが要求され、忍耐力と集中力を必要とするので、長時間やっているとクタクタになるのです。

前著『教室でできる 気になる子への認知行動療法』でも、「聴く」ことの重要性を強調しました。「聴く」とは、「耳」と「目」と「心」と「体全体」で聴くことなのです。

相談者は、深く大きい悩みを、堰を切ったように打ち明けます。ご自身が苦労していること、理不尽に感じていること、もう既に堪忍袋の緒が切れている状態であること…。このような話を、体全体で何時間も聴き続けることは、もちろん容易なことではありません。私の仕事は、相談者の話を聴き、少しでも問題解決のために一歩踏み出せるようにすることですが、プロの先生方がなぜこんなにうまくいかないのか、しゅん巡せざるを得ない状況に陥っていました。

さて、ここで問題提起です。前述したように、相談者はさまざまですが、実は対人援助のプロの職業の方であることが多いのです。どうして対人援助のプロの先生方が悩みを抱いて来室されるのでしょうか？

相手を理解するということの難しさ

対人援助の仕事は多岐にわたります。教師、医者、看護師、介護士、社会福祉士、保健師、すべて対人援助職であり、その仕事で給与を得ている場合は、「対人援助のプロ」と定義することができるでしょう。

さまざまな対人援助職の先生方の相談を受けるなかで、あるとき、ふとひらめいた瞬間がありました。「対人援助職の先生方は、対応の難しい方（子どもや大人を含む）と接することが多いから、こんなに相談が多い」、と勝手に解釈していたのですが、それが大きな誤りであることに気づいたのでした。

多くの相談者は、対応の難しい方とコミュニケーションするとき、

❶「なぜこの人は（私のいうことを）わかってくれないのだろう？」

と考えます。相談時間のほとんどは、この点についての謎解きに費やされるのです。そして多くの場合、たくさんの理由が挙げられるのですが（ほとんどは相手の批判と自分の正しさの主張）、一歩も問題解決に向けて前進することはありません。

これまでの多数の相談者のなかで、次のように相談しに来られた方は１人もいませんでした。

❷「なぜ私はこの人を（この人の考えを）わかってあげられないのでしょうか？」

この❶と❷の問いにすべての答えが凝縮されています。**「なぜこの人はわかってくれないのだろうか？」**といらだつ人たちは、「自分は正しい。この正しい考えを相手が素直にわかってくれさえすれば、すべての問題は解決するのに！」という強烈な不満を根底に抱えています。

このような意識をもったままで、耳と目と心と体全体で相手の話を「聴く」ことができるでしょうか？　仮に自分が正しいとして、相手に自分の正しさを納得させて相手は満足するでしょうか？　仮にそうやって相手を納得させたとして、どのような問題が解決できるというのでしょうか？

相手を理解するということは極めて難しい。なぜ難しいか？　人は大抵、**「なぜ私はこの人をわかってあげられないのか？」**という問いを立てることができないからなのです。

究極の対人援助のスキルとは

「なぜ私はこの人をわかってあげられないのか？」という問いを立てることこそが、対人援助の重要なスキルなのです。言い換えれば、究極の対人援助のスキルとは、**「自分の考えを理解してもらうのではなく、相手の考えを理解すること」**なのです。

相手と話をするとき、必死で自分の正しさを主張し、どれだけ相手よりも正しいかを競っている様子を目撃したことがあります。おそらく自分の正しさの理由を100個ぐらい見つけ出すことはとても簡単です。相手の正しくない理由を100個ぐらいあげることも容易にできるでしょう。

しかし、相手よりも正しいからといって、相手が自分のことを理解してくれるとは限りません。むしろ溝が深まり、反目しあう結果に陥らざるを得ないでしょう。正しさを競っても意味がないのです。

対人援助のプロのスキルとは、「相手の考えを理解すること」です。これは熱意でしょうか？　熱意があれば可能でしょうか？　いいえ、私はそうは思いません。むしろ未熟な熱意ほど危ういものはありません。自分本位な熱意ほど暴走するリスクが高いのです。

では何が大事なのでしょう？　そう、常に相手を理解することに全力を尽くすことです。体全体で話を聴くことも、「どうやったら、この人をわかってあげられるのか」という問いを立てることも、「相手の考えを理解すること」もすべてスキルなのです。そしてこのスキルこそ、すべての対人援助職のプロの求められている技術であり、このスキルの高さこそが職務遂行能力に直結しているのです。

第3節 精神医学や臨床心理の理論をそのまま教育現場に持ち込まない

どのような素晴らしい治療の理論も、柔軟かつ適切に応用する場（本書では教育場面）に修正しなければ効果を発揮しません。本書は、教育の構造化に焦点をあて、認知行動療法の教育バージョンを目指します。

「構造化」との違いからみる医療と教育の溝

❶子どもと会話、もしくはプレイをする

❷親と会話をする

❸子どもとの間に温かで受容的な関係を築く

❹傾聴・共感をおこなう

❺毎回のセッションで話題となった問題に対して対応する

発達障害児の治療に取り組んでおられる先生方は、日々これらの項目を重視した臨床を目指していらっしゃると思います。たしかに❶～❺を読むと、とても素晴らしい取り組みのように感じます。しかし残念なことに、❶～❺のような「非構造化精神療法」は一貫して効果が認められていません。特に対応が難しい子どもには効果が薄いでしょう。どうしてでしょうか？

第１章でお話ししたように、教育場面の構造化の質が低いからです。行きあたりばったりで、その日あったことを情報共有しても、それほど意味がありません。「構造化」とは基本的枠組みを整備することです。やるべきことの明瞭度、そしてルールの透明度を上げ、目的的・意図的に教育活動を展開する（目指すべき到達点を明瞭にする）こと、そしてそれを継続することが「構造化」です。

気をつけていただきたいのは、精神医学や心理学の理論や非構造化精神療法を否定しているわけではない、ということです。強烈なストレス因で心を病んでしまっている方や、不安が強すぎて回避行動が定着してしまっている方には、❶～❺の取り組みが治療の基本となるでしょう。しかし精神医学や臨床心理学の理論をそのまま教育現場に持ち込むと、現実にそぐわないことが多く、葛藤を生むことが多いと思います。

「教育的」視点との違いからみる

さて、第１章第１節で述べたように、**“全面的受容”**とか、**“全面的共感”“カウンセリング・マインド（傾聴）”**などをキーワードとする**非構造化精神療法**は、特に対応の難しいお子さんに対しては、ほとんど効果が期待できません。

ここで読者の方々は矛盾をお感じではないでしょうか？　カウンセリング・マインド（傾聴）は効果がないのに、なぜ、先ほどまで「聴く」スキルが重要なのだと述べていたのかと。そうなのです。ココが本書の肝なのです。第１章で、なぜ学校での認知行動療法が有効かをお話ししました。

要点を２つにまとめましょう。

❶認知行動療法は教育的な精神療法であること
❷学校や教室が時間的・空間的に構造化されていること

非構造化精神療法は極端に対応の難しいお子さんに対して有効性が乏しい反面、**構造化精神療法**は効果が期待できます。しかも効果が最大化するのは、その精神療法が「教育的」視点をもち「構造化」されているケースです。つまり共感的に「聴く」スキルが奏功するのは、次の❸と❹の条件がそろったときだけなのです。

❸非指示的療法に固執せず、具体的でわかりやすい行動選択を示し、取り組みやすくさせること
❹どのような状況であれ、暴力・暴言を含む人権を侵害する行為は許されないという態度を示すこと

「非指示的療法」「完全受容」「全面的共感」が最優先される精神療法では、❸❹を両立させることは不可能です。どうすればよいか苦しんでいる子どもに、非指示的に「自分で考えてごらん」と語りかけることや、カッとなって隣の子どもに手を出してしまった子に「あなたは悪くない。すべて受け入れます」と過剰な博愛主義に偏ることは、ほとんど何の解決にもなりません。

繰り返しになりますが、精神医学や臨床心理の一つひとつの理論には、その成立の背景があり、理論的根拠は尊重されるべきですが、ある特定の場面や設定でうまくいったとしても、学校や学級という空間でうまくいくとは限らないということです。また、学校の先生はある特定の治療法（理論、○○技法）の専門家ではありませんし、特定の技法に偏ってもいけません。

世の中にはさまざまな治療プログラムや〇〇技法が存在します。どの治療法・技法も、自分たちがもっとも効果的であると主張していることが多いですね。残念ながら、発達障害児に対する多くの民間療法に科学的根拠はあまり期待できません。よく検討されている治療法でさえ、特定の心理治療室だけの効果はあったとしても、教育現場での汎化の効果は期待できないことが多いのです。発達障害児の指導にあたっている先生方や保護者の方々で、「〇〇技法はとても効果があるとおっしゃっていたのに、なぜ自分だとうまくいかないのだろう？」と感じたことがあるはずです。しかし学校という「教育的で構造化されている」空間では、大抵うまくいきます。子どもと先生の関係が良好であれば、より効果が増します。一方で「教育的で構造化されている」ことを軽視した状況では、技法にかかわらず効果は期待できないといってよいでしょう。

「子どもと先生の関係が良好であれば」という条件も簡単ではありません。不適応な行動を頻出している子どもは、ほかの子どもと比較して、数十倍も叱責されたり指示されたりしていることが多いのです。**行動上の問題を起こしたときこそ認知行動療法を進める絶好の機会でもあり、先生のスキルを高めるチャンスでもあります。**

子どもが不適応な行動を起こしたときの３つのパターン

子どもが行動上の問題を起こしたときの３つのパターンをみていきましょう。

特別支援学校高等部のＡ君は、授業に遅刻しがちです。特に苦手なのが作業学習です。今日も作業学習の時間に遅れてしまいました。作業学習担当のＸ先生はカンカンです。

「こら、Ａ君！　君は作業学習が嫌いだからまた遅れてきたんだろう！　仕方のないやつだ。今日は居残りだぞ！」

パターン１：偶然の事件

Ａ君は確かに作業学習の時間をとても苦手にしていて、何度か遅刻したことがあったのです。しかしこの日は同じ高等部のＢ君が転んでけがをしていて、保健室まで連れて行っていたので作業学習の時間に遅れたのです。

パターン２：ADHD 特性

Ａ君は作業学習の単純作業（紙を４つに折る、袋に割り箸を入れるなど）がとても苦手です。このような単純作業を少しやっただけで飽きてしまい、退屈になり、集中力が低下します。姿勢も悪くなって効率も落ちます。そうなると先生に注意されるのです。それを繰り返すうちに、先生の指導も厳しくなってきますし、なぜこんな簡単なことを周囲の生徒ができて自分ができないのか、Ａ君自身も悲しくなってきます。

パターン３：感覚過敏特性

Ａ君には苦手な音があり、そのような音に対しては耳をふさぎたくなります。特に作業学習室の機械の音は苦手です。さらに、Ａ君の作業学習室の席は、大きな業務用機械の隣なのです。この音がするだけでさらにイライラして集中力が落ちます。そしてなぜこんなにイライラするのか自分でもわかりません。

その後の展開と背景の解釈

パターン１：偶然の事件

Ａ君はもう二度とこの先生のいうことは聞かないと心に決めたようです。今までは苦手ながらも少しは真面目にやろうと考えていましたが、だんだんと教室から逃げ出すことが増え、先生に捕まえられては無理やり席に着かされることの繰り返しです。特にＸ先生との関係は決定的に悪化しました。

パターン２：ADHD 特性

Ａ君は診断を受けてはいませんでしたが、ADHD 傾向の強いお子さんです。ADHD の診断基準には、「持続的な精神的努力の維持を要する課題に取り組むことを避ける、嫌う、または嫌々行う」というような内容の項目があります。興味のない作業、単純作業（これは精神的努力の持続が必要です）が苦手なのは、この特性が影響しています。先生方としてみれば、「こんな単純作業ならできるだろう」という期待があるのかもしれないのですが、逆に苦痛になっているのです。また「自分だけできない」という否定的認知が、行動の問題に影響しています。指導する側がADHDなどの発達障害の基本的特性を認知していないことが、問題を悪化させているのです。

パターン3：感覚過敏特性

自閉スペクトラム症をはじめとした発達障害児・者のなかには、聴覚過敏特性を有する人がたくさんいることがわかってきました（DSM-5の診断基準項目に加えられました）。まさにA君も特定の感覚刺激に対して特殊な違和感・嫌悪感をもっている典型的なケースです。しかし感覚過敏（敏感すぎる）・過鈍（鈍感すぎる）を有しているほとんどの人は、生まれつきなので自認していないことが多いのです。他者と比較することができないので、自分だけ特別ということがわかりにくいのでしょう。しかしこの場合、A君がうまく伝えられないのが問題ではなく、援助する側が、A君が聴覚過敏を有していることを推察できていないことが問題でしょう。

対人援助者のスキルという視点でみると

パターン1は教育現場のみならず、家庭や職場でもよくあることです。ちょっとしたボタンの掛け違いが、加速度的に対立構造を深刻化させていきます。実は私が受ける相談の大半がこの類いです。A君は「先生側が理解してくれないのが悪い」と感じていて、指導者側は「A君が指導に従わないことが問題だ」ととらえています。

まさに、両者が**「なぜこの人は（私のいうことを）わかってくれないのだろう？」**と考えている対立構造なのです。もちろん、**「なぜ私はこの人をわかってあげられないのか？」**という問いを立てるべきなのは、対人援助のプロである、指導者側です。

パターン2はADHDという障害の特性を知らないことによる弊害です。基本的な知識と理解の不足は致命的な結果をもたらします。そういう点では、基本的な知識・理解こそスキルであり、対人援助のプロにとって不可欠なスキルです。

もし、指導者側がA君のADHD特性を理解していたら、どのような指導が可能でしょうか？　容易に退屈してしまい、姿勢保持すらままならないA君に、このまま単純作業を継続させてよいとはとても思えません。なぜなら、就労意欲さえそぐ結果となりかねないからです。A君の特性を理解していたら、彼の興味関心に沿った作業学習の内容を精査し、将来の就業に直接繋がるような学習を提供できるでしょう。従来の作業学習の内容にこだわると、不適応行動のみが増加する事態もあり得ます。まずはA君の特性をとらえ、A君や保護者とよく話し合い、将来の展望を見据えつつ学習内容をアップデートしていく、まさにこれが対人援助のプロのスキルです。

パターン3 は指導者側にさらに高度なスキルが求められます。行動の問題を呈している子どものなかには、特定の感覚過敏・過鈍が影響し、環境への不適応を生じさせているケースもあります。彼らには馴化（慣れ）が生じにくいので、無理に慣れさせようとする行為そのものが、相互の不信感を高めたり耐性の低下を招いたりするのです。

「もしかしたら、A君は聴覚過敏があるのではないか」「機械の近くに来たときに限ってイライラしている」「普段の様子と、作業学習の態度にあまりにも乖離がある」といった気づきを指導者側で共有できるのも重要なスキルです。つまり自分を相手の状況においてみるのです。いわば相手の視点で物事を解釈する、もしくは分析してみるということです。

相手の立場に立つ＝相手の視点で状況を解釈する

「相手の立場に立つ」というと、道徳の時間に先生から繰り返し指導されたと思いますが、この文脈ではそういう意味で使用していません。例えば誰でも小さい頃は、親や先生に、「こんなこといわれたら、どんな気持ちになるか考えてみなさい！」とか「こんなにきつく叩かれたら、あなただって痛いでしょう！」といわれたはずです。つまり共感的になったり、思いやりを示したりしなさいという意味です。しかし、ここで取り上げる「相手の立場に立つ」とは、そういうこととは少し違うのです。

対人援助の場面では、「相手の立場に立つ」＝「相手の視点で問題場面（状況）を解釈する」ということです。言い換えれば、自分を相手の状況においてみて、子どもがなぜ不適応な行動に至ったのか、また理解に苦しむような発言をしたのかを理解しようとすることです。

先の例でいえば、A君のADHD特性を理解したうえで、長時間単純作業で拘束されることがどのくらい苦しいのかを想像してみることです。また普段は落ち着いているA君が、不快な音の刺激によってイライラさせられている様子をみて、聴覚過敏があるのではないかと推測することです。このようなスキルは、明らかに単なる思いやりとは質が異なります。「相手の立場に立つ」スキルに必要なのは、障害特性に関する専門的な知識（これもスキルですね）ですし、これが熟達してくると、以下の２点でメリットが生じます。

❶相手への対応を微調整しながら、支援内容を柔軟に変容させることができる

❷似たような状況におかれた子どもが、どのような反応を示すかをある程度予想し、先手を打つことができる

痛ましい「児童虐待死」のケースから

少し本筋から逸れるかもしれませんが、痛ましい「児童虐待死」のケースを取り上げて、対人援助のプロが「相手の視点に立つ」とはどういうことかを考えていきましょう。

（以下の囲み部分は、2019年6月に札幌市で起きた2歳児衰弱死事件の報道をまとめたものです）

2019年5～6月にかけて2歳の女児Sちゃんの頭や顔にけがを負わせ、死に至らしめた疑いで、北海道警察（以下、道警）は母親の○○容疑者と、その交際相手である△△容疑者を傷害容疑で逮捕した。

Sちゃんの直接の死因は、衰弱死だった。身体はやせ細り、体重は2歳児の平均の半分しかない、わずか6キロだった。食事を十分に与えないネグレクトが疑われている。さらに、頭部や顔面などにけががあり、タバコによるやけど痕もみつかった。日常的に虐待があったとみられる。

最初の通告は昨年9月。○○容疑者はSちゃんを24時間対応している保育所に2～3日ほど預けっぱなしにすることがあり、育児放棄の疑いがもたれていた。児童相談所の職員（以下、児相職員）は○○容疑者と面会したが、虐待はないと判断。虐待の緊急性をチェックする「リスクアセスメントシート」も作成しなかったという。

2度目の通告は今年4月5日。「泣き声が聞こえる」との情報が児童相談所（以下児相）に入った。厚生労働省は、虐待通告から48時間以内に子どもの安否確認を行う「48時間ルール」を定めているが、児相はこれを守らず、Sちゃんと会うことができなかった。

3度目は5月13日。前日5月12日に、道警に「泣き声が聞こえる」と110番通報が入り、翌5月13日に道警が訪問したが応答がなく、道警は児相に通告。5月15日には捜査員が面会した。この際、児相職員は同行していない。

Sちゃんには複数の傷や痣があり、足の裏には絆創膏が貼られていた。○○容疑者は「ヘアアイロンを踏んだ」と説明し、絆創膏を剥がすことを拒否。

痩せているがけがの程度は軽いとして、（警察は）虐待ではないと判断した。しかし○○容疑者は、育児の悩みをほのめかしていたという。

その後、児相は電話や訪問を３回行っているが、いずれも応答がなかった。そして６月５日にＳちゃんは亡くなった。

死に至らしめた容疑者を許すことはできませんが、問題はほかにもあります。道警と児相の、容疑者およびＳちゃんへの対応です。どちらも対人援助のプロであるべきですが、対応と主張が噛み合っていないのです。

道警によると、道警は５月13日と５月14日、児相に面会の同行を要請。同時に、裁判所の許可を得て、保護者に拒否をされても強制的に部屋に立ち入り調査することのできる「臨検」※も提案した。しかし児相側は「夜間で対応可能な職員がいない」などの理由で、いずれも拒否したという。

一方、児相は６月10日の記者会見で、５月14日に道警側から「児相が来ることを母親が嫌っている」「（児相を連れて来ないという）警察との約束が反故になるとまずい」と、同行を見合わせるよう求められたと説明している。

これに対し道警側は、毎日新聞や北海道新聞の取材に対し「母親が児相を嫌っているとの趣旨のことは伝えたが、（児相に）同行を求めていた」「児相側に同行を求めたが、明確な回答がなかった」と反論している。

児童虐待死の事件の責任は一義的には容疑者が負うべきですが、通常の刑事事件と異なり、虐待死に至るような深刻なケースでは、児童相談所や警察も責任を追及されます。それは小さい子どもは自分から助けを求めることができないので、それを救うべき関係機関がより一層事態の深刻度や状況を把握して、早期かつ適切に対応しなければならないとされているからです。このような対人援助職の責任は極めて大きいのです。

この事件の詳細を調べるとさまざまな問題があるのですが、児童相談所と警察が、複数回にわたって**「母親が児相を嫌っている」**ことを対応不備の理由にあげていることに注目しましょう。「母親が児相を嫌っている＝児相職員が自宅に来ることを嫌がっている」理由とはなんでしょうか。いくつかあるでしょう。

・虐待がばれたらまずい

・子どもが保護されてしまう

・自分が逮捕されるかもしれないし、交際相手も逮捕される

※臨検：法令等の遵法状況や不審点の確認のために現場まで出向いて立ち入り検査をすること。

・場合によっては交際相手と別れなければならない

容疑者の２人は周辺の事実からみても明らかに虐待のリスクが高く、行為も悪質です。このような人に小さな子どもを託すのは危険極まりないことです。

通常なら一刻も早く「臨検」を行い、一時保護施設にＳちゃんを保護すべきだったでしょう。しかし児童相談所も警察も対応が遅れ、しかも「母親が自分たちのことを嫌っている」という事実に足を引っ張られた可能性が高いのです。

嫌われていようがいまいが、２人の容疑者の特性と状況（養育能力の低い母親と２歳児と交際相手という組み合わせ）を勘案すれば、やるべきことの決断は難しくなかったはずです。

つまり曖昧な**全面的共感**を重視すれば、「嫌われているかもしれないから距離をとっておこう」となりますし、**相手の視点に立て**ば、「この２人なら深刻な結果を招きかねないので、一刻も早くＳちゃんを保護しよう」となります。**全面的共感も相手の視点に立つ**も似たような表現ですが、**行動としては正反対になることがあるのです。**

専門家とは「スキルを蓄積した人」

もう少しこのケースで対人援助のプロのスキルについて考察しましょう。この事件の発生前にはいくつかの兆候がありました。例えば、

・不審な傷がある
・何度も虐待の疑いで通告されている

などです。

アメリカの研究ですが、２歳未満の子どもが母親とその交際相手と同居したときには、虐待のリスクが20倍以上になるというエビデンスがあります。ほかにも不審な傷があったときに、保護者が隠そうとしたときは事態が深刻化しやすいこと、複数回の虐待通告を受けたケースでは、危険度がさらに高まることを示す研究知見も豊富に存在します。

繰り返しますが、専門領域での知識が豊富であることこそ、スキルの高さを示しています。今回のケースでは、このような知見が関係機関で共有されていれば、と悔やまれます。難しいケースに対応する対人援助のプロこそ、さまざまなスキルを蓄積した職人でなければならないのです。

第4節 教育場面での誤解 ——対立構造を生み出す要因

行動上の問題が頻出すると、子どもと先生の関係が悪化しがちです。そうなると先生（学校）と保護者も対立してしまいます。本節では、対立構造を生み出す要因について、事例をあげて解説します。

全面的共感≠相手の視点に立つ

全面的共感と**相手の視点に立つ**ことが同義でないことをお話ししてきました。実はここが教育場面でもっとも誤解されている点ではないかと私は考えています。パニック行動、特に周囲が騒然とするような行動の問題を頻繁に示すケースでは、非構造化精神療法が推奨する**全面的共感**は、明らかにマイナスの結果を生み出します。

パニック行動（この場合突然のかんしゃくで机を叩く、大泣きするなどの行動をイメージしてください）が頻繁に起きるようになると、なぜかどんどん回数も増え、きっかけはたいしたことはないのに繰り返し発生するようになった、という経験はないでしょうか？

図5 同じ環境でパニックを繰り返すと

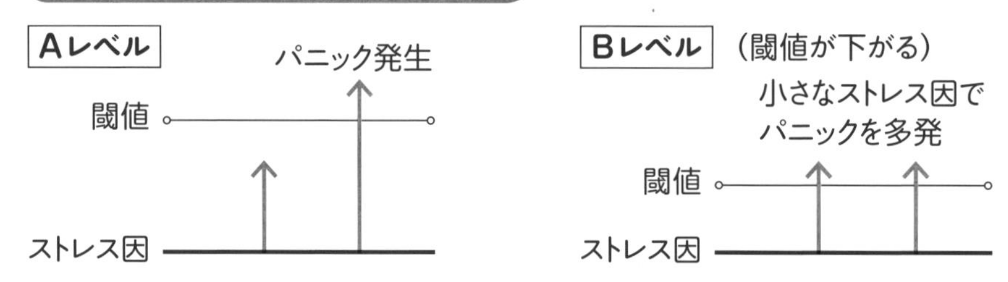

図5で示すように、パニック行動の発生には閾値があります。ストレス因がAレベルの耐性閾値を超えるとパニックになっていたとしましょう。同じ環境でパニックを繰り返すと、この閾値がだんだん下がってくることがあります（Bレベル)。つまり以前なら我慢できていたようなささいなストレス因でも、パニック行動が定着化して、**ささいなきっかけ（ストレス因）→パニック行動**になっているのです。これまでの臨床経験でこのような悪循環を多く目にしてきました。ここでの対応で予後が大きく変わります。

もっとも望ましくない対応を紹介しましょう。「A君はすぐにパニック行動に発展してしまう子だ。パニックになったら手がつけられないので放っておこう。物を壊したり、友達にけがをさせたりすることもあるけれど、それがA君なのだから受け入れよう」という対応です。まさに**全面的共感**といえますが、このような対応を続けていると、周囲との関係も決定的に悪化し、早晩、致命的な対人関係の機能崩壊状態に至るのは間違いないでしょう。

相手の視点に立つとどのような解釈になるでしょう。「A君はパニックのあと、『またやってしまった…』と常に落ち込んでいる。パニック行動とその結果に苦しんでいるのはA君自身だ。なんとか最悪の結果にならないように、そのきっかけとなる要因を一緒に探せないだろうか。そして、どんなことがあっても物を壊したり、ましてや他者を傷つけたりするような行為を回避させなければならない。そのような安定した学校生活をA君自身も望んでいるはずだ」となります。

全面的共感とは聞こえはいいのですが、問題を放置しているにすぎません。問題解決に向けて前進していないのです。学校の先生方からの教育相談で、「4年生から急にADHDの症状が出てきました」とか「行動上の問題が出てきてはじめて、子どもの自閉症の傾向に気づきました」という訴えを聞くことがあります。おそらく、学級経営自体に困窮されているのではないでしょうか。その子どもは学習・生活環境に適応できずにパニック行動を頻発させている可能性があります。「○○君はそういう子どもなのだから仕方がない」という認識は問題解決を遅らせます。**○○君の立場に立って、どんな要因がパニック行動をもたらすのかを観察・分析し改善していこう、という姿勢こそが重要なのです。**

対立構造の共通点①―正しさの競い合い

筆者は難しいケースの相談を受けていて、ある共通点が存在することに気づきました。難しいケースとは、対立構造が深刻化していることが通例です。相談者は次のような質問・発言をすることが多いのです。

「先生、私のいっていること、間違っていないですよね」

「先生、私がやったことは正しいですよね」

「先生、やっぱりこの子は発達が遅れていますよね」

「先生、やはりこの親子には愛着の問題がありませんか」

2つの立場が決定的に対立している場合、両者は自身の言動を正当化するためにできることはなんでもしようとします。例えば、私のような専門家に意見を求め、自身の正しさを担保しようとすることも、合理化行動の１つといえるでしょう。

しかし先ほども述べたように、「正しさを競っても意味がない」のです。同様に「相手の間違いの数を数えても意味がない」のです。私はこのような状態を、**「自分の言動を正当化するための合理化行動の執着」**と名付けています。対人援助のプロは決してこの状態に陥ってはいけません。問題解決に向けて、一歩ずつ前進できる高度なスキルが求められます。

子どもと先生が決定的に対立している場面、そして保護者と学校が致命的なほど対立している構造において、多くの場合では「自分の言動を正当化するための合理化行動の執着」という共通点が存在しています。当然、対人援助側がそのような姿勢ではまったく問題解決しないどころか、援助を拒否されることさえあります。

対立構造の共通点②―自分の考えを理解してもらおう

福祉職の方々向けに講演をさせていただいたとき、個人的に質問に来られた、ある保健師さんの言葉を今も強烈に覚えています。そのときの会話です。

保健師さん（以下、保）：「最近のお母さんたちはね、子育てについてまるで理解していないんですよ！」

私：「どうされたのですか？」

保：「先生、この前もね、Ｂさんの援助に行ったんですが、私のいうことをまるで聞いていないんです。それどころか、もう来なくていいっていうんですよ！」

保：「たぶんお子さんは発達が遅れてます。私は心配で心配で、いろいろアドバイスするのですが、ほとんど何も聞いていません」

私：「どうしてですか？」

保：「わかりません、最近のお母さんってねぇ、みーんなそうなんですよ！」

お話を伺ううちに、少しずつ背景がみえてきました。この10代のお母さん、Ｂさんは複雑な事情を抱えて１人で出産し、出身地から遠いこの地で子育てをしています。親や親族は近くに１人もいないので、まったく援助はありません。子どもが小さいので仕事もできず、ギリギリの生活をしています。もちろんはじめての子どもなので、子育てに困っているようですが、その子に発達の遅れがあるかどうかは不明でした。

このベテランの保健師さんはとても仕事熱心で、時間があるとＢさん宅を訪問し、いろいろとアドバイスをしてくださっているようです。ご自身も３人のお子さんを育て上げ、子育てには絶対の自信があるというわけです。

この保健師さんは、とても一生懸命なのですが、Bさんが何に困っていて、どうして欲しいかという点に関してはほとんど関心がないようでした。私は、保健師さんの話す内容から「子育てについて深く正しく理解している自分がアドバイスすることを、そのままやってくれればそれでよい」という意図がにじみ出ていたように感じたのです。

対人援助のスキルでもっとも重要なのは、「自分の考えを理解してもらうのではなく、相手の考えを理解する」でしたね。考えてみると、10代のママが見知らぬ土地でひとりぼっちで子育てをしているのです。その苦しみや悩みを、誰かに聞いてもらいたいと考えるのは当然でしょう。まず対人援助のプロがすべきことはその苦しみと悩みを「聴く」ことです。難しいケースこそ、もっともらしいアドバイスが対立を生むこととなります。

保健師さんは正しいことをアドバイスしました。しかし、Bさんはまったく受け入れようとしません。それどころか、「もう来て欲しくない」と訴えているのです。それを聞いた保健師さんは余計に気が立ってしまい、さらにアドバイス(というよりも自分の正しさの主張)をして、Bさんは聞く耳をもたなくなってしまったという悪循環に陥っています。このような対立構造は珍しくありません。「自分の考えを理解してもらおう」とする努力は、常に成功するとは限らず、むしろ対立構造を生みます。

もう一点、このケースで留意していただきたいのは、保健師さんの「最近のお母さんってねぇ」という発言です。1つの事例で社会全体を一般化したり、たった1回の不愉快な経験で、その人全体を一般化したりすることは絶対に避けなければなりません。悲観的で否定的な「過度の一般化」は、本書にもあるように、【一般化のしすぎ】という認知の歪みにあたります。

罠にはまる① ―固い信念のとらわれ

講演をするといくつかの質問を受けるのですが、特に多い質問を以下にあげてみましょう。

「どうしてこんなに発達障害が増えたのでしょうか？」
「最近の子どもの問題は昔では理解できません」
「不登校がこんなに増えたのはなぜでしょう？」
「非行事件が増えているのはなぜですか？」
「子どもがインターネットばかりしていて、未来はどうなるのですか？」

以上のすべての疑問（認識）は間違っています。発達障害が増えたという確実なエビデンスはありません。2つめの疑問は単なるノスタルジーか、昔の記憶が薄れているだけです。昔からさまざまな問題がありました。ちなみに1980年代の校内暴力が社会問題化した時代は、現在とは比較にならないぐらい学校を取り巻く状況は悲惨でした。不登校発生率はこの約20年間、急激な増加はみられません。そしてなんと、少年非行は平成の30年間で約85%の激減傾向を示しています。インターネットが急速に拡大し、学習や生活面では随分便利になりました。学習での活用は、世界中で盛んに行われています。否定的な面ばかりを強調しすぎると、適切な使用さえ望めません。

現在は昔よりも悪化しているという固い信念が広く世の中を苦しめています。これらを**ネガティビティ・バイアス**といいます。このような否定的認知バイアスにとらわれている人のよくある発言は「昔はこんなことはなかった！」です。社会全体でも、教育でもよくなっていることはたくさんあります。冷静に考えれば、昔よりもよくなったことはたくさんあると私は考えています。特別支援教育が始まって10年以上経ちますが、現場をみると本当に成果が出ていると感じますし、特別支援教育が施行以前の状況を振り返ると、さまざまな問題が放置されていたことに驚愕します。

教育や医療、福祉の領域で昔はよかったと呟いているのは、自分の負担をことさら強調しているか、ナイーブな郷愁か、記憶の錯覚でしかないといえるでしょう。「昔はこうだった（昔はよかった）」とか、「こんなことはじめて！」と発言していたら、ずいぶん対人援助のプロとしての腕が鈍ってきたなと自省すべきかもしれません。アメリカ人コラムニストのフランクリン・ピアース・アダムスの言葉を借りると、「古きよき時代とは、記憶の悪さの産物にほかならない」

からです。

罠にはまる②―過去の栄光へのとらわれ

「昔はよかった」「問題は悪化している」というネガティビティ・バイアスとよく似ているのが、「過去の栄光へのとらわれ」です。過去の成功体験や栄光にとらわれ、現在の失敗や不首尾を相手の責任へと転嫁する行動特徴がみられます。これを大きく分けると、2つのタイプに分かれるでしょう。1つは相手とコミュニケーションする際に、やたらと自分の自慢話に誘導するタイプです。2つめは今回うまくいかなかったのはたまたまであり、過去にうまくいった例をあげて今回の特殊性を強調するタイプです。

どちらも被害者は自分のほうで、自身の苦しみのほうがむしろ大きいと主張します。しかしこの見方にこそ落とし穴があります。対人援助のプロは、対人援助する（困っている人を助ける）ことにより存在価値が発生します。「過去の栄光へのとらわれ」という罠にはまると、問題を前進させること、プロとしてのスキルを上げることを妨げます。

罠にはまる③―子どものため

先生にとって一番つらいのは、クラスの子どもや、その保護者との関係がうまくいかないことでしょう。人間ですからうまくいかない時はあります。しかし悪化する状況に焦って関係改善を急ぐと、かえって裏目に出ることがありますし、状況を直視できなくて、知らず知らずのうちに回避することで、相手の不信感を増幅してしまうこともあります。

このような八方塞がりの状況で、先生方のご相談を受けるとき、**「これは子どものためなんです」**という発言が繰り返されることがあります。例えば、まったく宿題をやってこないA君に対し、連日居残り学習をさせていた先生がいました。A君は、しばらくは渋々学校で宿題をやっていたのですが、繰り返しの漢字学習に辟易して逃げ回るようになり、遂には学校にも来なくなってしまいました。A君には読み書きについて重度の困難性があり、何度練習しても定着することが難しかったのです。それでも一生懸命な先生は、「たくさん練習することで少しずつ書けるようになるよ！」と反復練習をA君に課していたのでした。

保護者の方は「先生が無理強いしたことで、うちの子が不登校になった！」と学校側に怒り心頭の様子です。何か月も不登校が続き、保護者側も困り果て、学校との信頼関係は崩壊している状態でした。このような状況でご相談に来た先生の発言が**「これは子どものためなんです！」**だったのです。

漢字学習を粘り強くやらせることは、間違いなく子どもの漢字力を高めるでしょう。しかし不登校状態に至るまで強制したことは「いきすぎ」といえます。読み書きの困難性をもつ子ども（専門的には**発達性ディスレクシア**ともいいます）にとって、もっとも苦手なことを毎日指摘され、居残り学習を強制されることは、針のむしろに座らされるのと同じです。問題点は以下の２点に集約されます。

❶先生が、Ａ君の漢字の読み書きの困難性に気づいていなかったこと（反復学習のみで解決しようとしていたこと）
❷代替手段としてタブレットやパソコンの使用を一切考慮しなかったこと

先生はかたくなに自分の対応を「間違っていなかった」と主張されていました。「子どものため」に熱心かつ丁寧に指導したのであって、むしろ感謝されるべきだといいます。どうやら両者が折り合うポイントは見い出せません。

そこで先生に**発達性ディスレクシア**について解説し、❷のように、多様なツールの使用を試してみること、書くだけでなく口頭での回答もOKとするような、評価の多様性を図ること、などを提案しました。

ある程度は納得いただいたのですが、「やはり漢字を書けないと将来困る。子どものために書かせる練習は不可欠だ」といいます。私は、「そんなことはありません。パソコンでも、漢字変換さえできれば書けなくても困りませんよ。実際に、私は100本以上の論文を書いてきましたが、手書きの論文など一本もありません」と伝えました。

「子どものため」という大義名分はときに危険です。この言葉を安易に使用すると、すべての行動に免罪符がついてしまったり、都合よく正当化されてしまったりすることがあるのです。**「子どものため」といっているのは、実は「自分のため」「自分の正しさを主張するため」かもしれません。そのとき、罠にはまっていることを自覚するべきなのです。**

意見の対立に感情を持ち込むな

突然ですが、私はマフィアものの映画が大好きです。血なまぐさいシーンはあまりみたくないのですが、アウトローな主人公の生き方や、やや極端な人生論に魅力を感じることがあるのです。以下は「ゴッド・ファーザーⅢ」の主役で、マフィアのボスであるマイケル・コルレオーネを演じるアル・パチーノと、その後継者のヴィンセント・マンシーニ（アンディ・ガルシア）の会話です。

後継者：「くそーっ、アイツ殺してやりてぇ！！」
ボス：「いかん！」
後継者：「早く殺しちまえば！！」
ボス：「だめだ！！！」
後継者：「なぜなんですっ！！！」
ボス：「敵を憎むな。判断力がにぶる」

ボスは博愛主義で「敵を憎むな」といっているのではありません。感情的に敵を憎むと自分の判断力が落ちてしまい、結局自分を苦しめることになるので、「相手を憎むな」と諭しているのです。

人間にとって感情は不可欠なのですが、冷静な判断力を曇らせることもあります。先生方にとっても、子どもとの関係、保護者との関係、そして職場での人間関係など、意見が対立することは少なくないのではないでしょうか。そのとき、単なる意見の対立が相手との対立（相手への否定）に発展してしまっていることはないでしょうか。それこそ判断力がにぶっている表れです。

対人援助のプロがすべきことは問題解決です。意見の対立があったとしても、少しでも擦り合わせ、相手の主張に近いポイントで合意を得つつ、前進していかなければなりません。しかし、意見の対立から「相手への否定」に発展すると、自分の正しさの主張にこだわりが生じ、合意形成の足を引っ張ることになるのです。

会議中に「Aさんがいうことなら間違っていてもOKだけど、Bさんがいうことなら正しくても否定する」ということは、どなたでも目にしたことがあるでしょう。このような意見の人は自分の判断力を、好き嫌いという感情だけに依存させているのです。このままでは合意形成どころか、問題解決にたどり着くことは到底できません。

「意見の対立に感情を持ち込むな」。私の学部の卒業生は大半が教師になっていきますが、卒業生らが社会人として旅立つときに私がかける言葉の１つです。物事の価値判断、人物判断を自らの感情に依存してしまうようではプロにはなれません。先生方の目の前にいる、特に対応が難しい子どもたちを指導する際に「意見の対立に感情を持ち込む」ことは禁忌なのです。しかし、いうは易く行うは難し。何に留意すればよいのでしょう。

まず自分と気があわなくてもよい、と割り切ることです。具体的にいうと、相手を好きにならなくてもいいのです。好きになってもらう必要もありません。

実は気があわなくても、相手のことが嫌いでも、仕事上それほど問題はありません。もちろん気があう人と仕事をするほうが楽なのですが、合理的に目標を達成することが仕事なので、気があおうがあうまいが、好きであろうがあるまいが、やるべきことは変わりません。つまり、「考え方、趣味、休憩時間の使い方…、共通点など何もなくても仕事なんてできる」と割り切ることが重要なのです。

対人援助の仕事を遂行する場合、共感的に相手の立場に自分の身をおいてみることは大切ですが、無理に気をあわせる、つまり好きになる必要はありません。この点が、自分の伴侶や家族を支援するのと決定的に異なるのです。「意見の対立に感情を持ち込むな」という真の意図とは、**「相手との距離を慎重に保ちつつ、冷静に問題解決に向けて前進せよ」ということなのです。**

次に感情で判断していないか、その都度フィードバックすることです。100%感情を排除することは不可能です。援助しやすい人だな、とか、逆にやりにくい人だなと感じることは往々にしてあるでしょう。だからこそ、「好き嫌い」を優先していないか、つまり感情で判断していないかと、自分自身でモニタリングすることが必要です。

1つのケースが終わったとき、「こんな風に支援すればよかったかな」と反省することは多々あります。支援そのものは一人ひとり異なるので、「公平に」支援できたかを評価することは非常に困難ですが、「過不足なく」支援できたかどうかは、よいバロメーターになるでしょう。感情が入り込んで、深入りしすぎたり、その逆であったりすることがないように、常に自分自身の支援の評価を継続したいものです。

最後に、感情で判断する人たちをよく観察することも有効です。「人の振り見て我が振り直せ」とはうまい表現ですね。矛盾するようですが、相手が変われば対応が変わることは、すべて悪ではありません。援助の対象者が、「対応が難しい」人であると最初からわかっていれば、自ずと姿勢や言葉遣いも変わります。可能な限り混乱を回避するために、丁寧な対応を心がけるということは、先手を打つということでもあり、問題解決を前進させます。

一方で、ささいな場面でさえ自分の感情を優先させて、支援や対応に差が生じているときは要注意です。直感的感情とか、直情的価値判断が常につきまとってしまっています。特徴としては、「この人はいつも…」とか「またこんな…」という一般化が激しくなります。「好き」か「嫌い」かといった生理的反応が顕著に表面化してしまい、対人援助の仕事には向かないでしょう。対人援助のプロは、上手にそこをハンドリングしていく必要があるのです。

相手の視点に立て！① ―幼稚園の先生の発言から

筆者が年間を通して相当数の教育相談・発達相談を受けることは前述しました。あるとき、発達相談の依頼があり、幼稚園で園児を観察していました。以下は、その時のある先生との会話です。

先生：「松浦先生、あれがＡ君です。よくみてください。全然目があわないでしょう！　今はみんなのなかにいますが、入園当初はまったく会話がなく、『アー』とか『ウー』という言葉しかなかったのです」
私：「そうですか。今は落ち着いているようにみえますが…」
先生：「今だけです！！　いっつも友達を叩いたり、つねったりするんです」
私：「そうですか。かんしゃくを起こしているんですね」
先生：「もうパニックになると大変で、先生に噛みついたり、お友達の髪の毛を引っ張ったり…。お母さんにも何度も訴えているのですが！」

私がみたときは、入園後１か月ほど経っていましたので、パニック行動やかんしゃく行動はみられませんでした。しかしその先生は、とにかくいつもいつもＡ君が不適応行動を頻発させて、職員が大変だということを繰り返し話します。

私：「さぞお母さんもお困りでしょうね？」
先生：「そうなんです。こんなに発達に遅れがあるのに、全然それを認めようとしないんです!!」

この会話に違和感を覚えたとしたら、援助スキルの高い方だと思います。私は、「お母さんも困っているのでは？」と尋ねたのです。しかし先生は、「お母さんのことで困っている」と返答されたのです。この会話のズレは小さいようで、実は究極の乖離をもたらします。このズレにこそあらゆる答えが凝縮されているのです。

子どもが園で他害行為に及んだとき、保護者はその行為に対して子どもを叱責し、被害を受けた子どもや保護者に謝罪することが通例です。他害行為が頻発した場合、それを何度も繰り返すことになりますから、保護者の心労は並大抵のことではありません。だから、「お母さんもお困りでしょうね？」と伺ったのです。しかしその回答は「お母さんではなく、私たちが困っています！」だったのです。

もちろん、園の管理責任も問われますから園長先生以下にも、相当の疲弊をもたらすでしょう。年齢が低い場合、感情調節の能力も幼いので、指導しても繰り返してしまうということはよくあります。「何度も指導しているのに…」という園側の気持ちもわかります。

しかしその後の会話では、「園はいかに大変か」「先生方はどんなに努力しているか」「保護者の問題意識が低い」「保護者の家庭での指導が足りない」「こんなに発達が遅れているのにどうして療育に行かないのか」などが、延々と繰り返されたのです。しばらくして、保護者と園が決定的に対立し、行政を巻き込んでの重大な案件に発展していることを知りました。

先ほどのズレが発展し、対立構造を生むケースはたくさんあると思います。経験した先生方も多いでしょう。なぜこうなったのか、いくつかのポイントに絞って解説します。

❶他者の視点に立っていない

「お母さん、今日もＡ君はお友達を噛んだんですよ」とか「先生にこんなアザをつくっちゃったんですよ」と、毎日幼稚園の先生に訴えられる保護者は、まさに針のムシロ状態でしょう。起こったことを伝えるのは仕事でもありますが、ネガティブなことを伝えるときこそ、勇気づけることも重要です。なぜなら、連続してネガティブなことを聞かされる人は、相手のささいな言葉の裏の意味を読み取ったり、厚意を悪意としてとらえたりするものです。

自分をこの保護者の立場においてみましょう。そして保護者の視点で現実に起こっていることを解釈してみましょう。「保護者も苦しんでいる」という意味がみえてくるはずです。そして保護者の苦しみを冷静に吟味することができたとき、「他者の視点に立つ」ことができるのです。

❷保護者を指導しても子どもの行動は改善しない

世の中の「子育て神話」にはうんざりすることがあります。子どもが不適応な行動を示すと、必ず家庭環境や養育に問題があるのではないかと推察する風潮があります。しかし、ごく一般的な家庭に育っていても、ありとあらゆる行動上の問題を呈したり、親や先生に反抗的だったりする子どもはいます。さらに学校の先生方は、「不適応な行動の背景には親のしつけに問題があるに違いない」という強烈な確信を抱いている方が多いと感じます。

世の中に完璧な親など存在しません。また、親子間で何の葛藤もない家族も存在しません。それなのに行動上の問題を呈すると、すべて親の養育で説明しようとするのは明らかにいきすぎです。もちろん、親のしつけに問題があるケースもたくさんあります。しかしこんな風に想像してみてはいかがでしょう。不適応行動を多発させる子どもがいて、もしその親が完璧で、しつけも完璧なら、その子の行動上の問題は収まっていたでしょうか？　おそらくそんなことはないでしょう。そもそも理想的で完璧な親など、この世の中に存在しません。安易に養育の不手際で不適応行動を説明しないことです。学校で発生するなんらかの行動上の問題には、その子ども独特の課題や、学校での教育環境の不備が深くかかわっているからです。

懇談会などで先生から保護者の方に「家でなんとか指導してください」と要望する場面があります。しかしこのような子どもたちはいくら家庭で指導したとしても、学校での教育環境が構造化していなければ、不適応行動が収まることはありません。

「家で指導してください」というケースでは、無意識とはいえ、「学校での不適応行動の背景には必ず家庭での指導不足がある」「しつけがうまくいっていないからだ」、という先生側の偏った信念が存在すると思います。そして残念ながら、「保護者を指導しても、学校での子どもの行動は改善しない」ということがほとんどです。

先ほどのかなりこじれたケース(幼稚園の事例)でも、①保護者の視点に立てていない、②園での不適応行動の改善を保護者に要求していた、ことが重なっていました。一旦こじれて対立構造に発展すると、問題解決には相当な時間と労力を要します。**対人援助のスキルを磨くということは、こじれそうな問題を未然に防ぐ、という予防効果を発揮させることでもあるのです。**

❸「発達の遅れ」を認めさせても、何も解決しない

先ほどのケースでは、保護者は幼稚園側に対して一切妥協しない姿勢をとり続けました。どうしても話し合いにならないということで、自治体から第三者として保護者の話を聴いてほしいという依頼がありました。背景について理解していたのと、対立する前にお母さんからの発達相談を受けていましたので、お引き受けしました。

その時の、涙を流しながら苦しみを吐露されたお母さんの言葉を忘れることはありません。要約すると以下のような内容でした。

「以前通っていた療育園では、行動上の問題があったとき、必ずフォローしてく

れたのですが､この幼稚園では問題行動があるとすべて親の責任にされるのです」
「私も家で指導しているのですが、園での行動までコントロールできません。どうしたらよいか、本当に困っているんです。でも、いつも家でもしっかり指導してくださいといわれて、どうしていいかわかりません」
「あの子に発達の遅れがあることはよくわかっています。しかし、先生方は発達の遅れと不適応行動ばかり指摘して、なんとしてもそれを認めさせようとするのです。前の療育園ではそれほどお友達に噛みついたり叩いたりしたことはなかったのですが…」

先生方からの教育相談では、「保護者の問題意識が低い」とか「保護者が発達の遅れを認めようとしない」という発言があったとき、いつもこのお母さんの苦しい顔が浮かびます。保護者の問題意識が高まったら、園での子どもの行動上の問題はなくなるのでしょうか？　保護者が我が子の発達の遅れを認めたら、子どもの発達は促されるのでしょうか？　子どもに診断名がつけばすべて解決するのでしょうか？　いいえ､そんなことはありません。むしろ逆でしょう。それらを認めさせようとすればするほど、相手との距離は遠くなり、時間の経過とともに対立構造が深刻化するのです。

保護者と園（学校）との対立は珍しくありません。至る所で発生しています。個々の事情はさまざまですが､相互に「相手の視点に立てていない」ことがきっかけになっていることが多いのです。相互に何らかの問題を抱えている場合であっても､対人援助を提供するのは園（学校）側です。まずは援助する側が「相手の視点に立つ」ことから出発しないと、保護者の協力を引き出すことはできません。だからこそ、援助側が対人援助のスキルを磨き続ける努力が必要なのです。

相手の視点に立て！②―小学校の先生の発言から

今度はある小学校４年生の担任をしている先生からのご相談を紹介します。この子どもはADHDと診断されており、多動衝動性が顕著で、いつも離席して友達にちょっかいをかけています。トラブルになると手が出たり暴言を吐いたりすることもしょっちゅうです。また授業中はぼーっとしていることが多く、手遊びが激しくて１つの作業に集中できません。そしてなんといっても先生に反抗的なのです。指示されたり注意されたりすることが多いので、そのたびに口論となり、感情が高ぶって暴言を吐くことの繰り返しでした。当然というか、保護者との関係も芳しくありません。

先生からのお話を聞くと、次々とその子どもへの非難が噴出してきます。
「あの子はまったく私の話を聞こうとしないんです」
「いつも授業を妨害しますし、私にひどい言葉を投げつけます」
「子どもたちもみんな迷惑しているんです」

感情が高まるにつれ、先生も抑制が効かなくなってきたのでしょう。次の発言があり、私ははっとしました。
「あのお母さん、絶対薬物治療は嫌だっていうんですね。どうしてでしょう。だってADHDと診断されているのに」

子どもとも対立し、保護者との関係も良好でないのは、このような姿勢にあるのではないか、もしくは言葉にしなくてもこの姿勢が伝わっているのではないかと気づいたのでした。

「保護者が薬物治療に積極的でない」とか「薬物治療だけは拒否する」という相談や悩みは珍しくありません。どうして？　と疑問を呈する先生方がいますが、ここにこそ相互理解を阻む原因があるといえます。

保護者が投薬に積極的でない、という理由は大きく５つあげられます。１つめは副作用です。どんな薬でも効果があれば副作用があります。そして効果もなく副作用もないということもあり得ますし、耐えがたい副作用が生じることもあり得ます。自分の子どもが脳に作用する薬物を服用する場合、その副作用を心配するのは当然でしょう。「相手の視点に立つ」という基本を踏襲すれば、保護者の不安や拒絶感は簡単に理解できるはずです。先生としては「少しでも服薬で落ち着いてくれればよいのに」という期待があるのかもしれませんが、保護者としては、「先生はうちの子を病気扱いしている！」とか「うちの子への指導を放棄して、薬だけに頼ろうとしている」と受け取ってしまいかねません。

２つめは耐性です。耐性とは、医薬品などを反復して投与するうちに、抵抗性を獲得して効力が低下していく現象のことです。わかりやすくいうと、服薬していくうちに、同薬量では効き目が悪くなり、結果的に投薬量が増えていくことです。実際にはそれぞれの薬物には最大量（これ以上は処方してはダメですよ、という規定量）がありますので、無限に薬物量が増えていくことはありませんが、すべての保護者がそのことを知っている訳ではありません。つまり見通しが立たないので余計に不安なのです。だからこそ拒否するのでしょう。同様に、理解度の低い先生から通院や投薬を勧められても拒否するのは当然かもしれません。「相手の視点に立つ」ことができれば、容易に推測できることなのです。

３つめは依存性です。メディアでは芸能人の覚醒剤使用は大々的に取り上げられます。「やめようと思っていたけどやめられなかった」という容疑者の発言を聞くと、違法薬物使用などこれっぽっちも経験のない圧倒的大多数の国民にとっては、末恐ろしさを感じるでしょう。保護者の方々は、「薬を飲み出すと、一生やめられないのではないか」「これからの一生、薬なしでは生活していけなくなるのではないか」という漠然とした恐怖感をもっているようです。実際にはそんなことはないのですが、すべての保護者が薬理学を理解しているわけでもないので、致し方ないのです。

だからこそ「相手の視点に立つ」ことが重要です。繰り返しますが、言語化できない不安や恐怖は、相手の視点に立つことで理解が促されます。保護者の話の端々に「依存性」が怖いということが推察されれば、それを言語化することで一層理解が深まります。

4つめは病気(この場合は発達障害ですが)に負けたと観念したくない、という気持ちです。「投薬治療を受けるのは病気に負けたのと同じ」というのはやや極端かもしれませんが、実際にこのような発言をされた保護者がいます。薬は最終手段だと思っているのかもしれません。また、なんとか自分や学校での教育で改善を目指したいという期待の表れでもあります。

この考え自体は、実は正しいと思います。前述した教育環境の構造化を徹底したうえで、過不足なく薬物治療に発展していくことが望ましいのです。過剰処方も問題ですし、医療を全面的に拒否することも妥当ではありません。

学校での構造化とともに、家庭での枠組み強化に協力してもらいつつ、両方の合意のもと、適切なタイミングで医療機関に繋がることが望ましいですね。そのためにも相手の視点に立ちつつ、保護者の不安を共有したいものです。

5つめは漠然とした不安感でしょうか。一部の保護者は、「何が不安かもわからないけど不安」とか、「何を不安に感じたらよいのかもわからない」と吐露します。特に子どもの状態が悪化しているときは、その傾向が強くなります。先が読めなくて、「病院に行ってさらに怖い病名を告げられたらどうしよう」とか、「病院に行って薬をもらったとして、この先どうなるのか」と苦しんでいるのです。このようなケースでは安易に通院を勧めるべきではないでしょう。相手の視点に立てば、まず保護者の不安に寄り添い、見通しを具体的にお話しして、小さな不安を払拭してもらうことです。

ここまで読んでいただくと、4年生の先生が「…ADHDと診断されているのに」という発言が、いかに保護者の胸にきつく突き刺さるかわかったことと思います。対立構造の背景には、「相手の視点に立つ」ことの欠如があるということですね。**「相手の視点に立つ」ことは、対人援助の重要なスキルであると心得てください。**

「聴く」に始まり、「聴く」に終わる

「ソーシャル・スキル」は社会技能とも訳されますが、社会で普通に他人とかかわり、ともに生活していく能力を指します。いろいろな定義がありますが、ソーシャル・スキルは、①聴くスキル、②聴いて自分を主張するスキル、③さらに(両者間で)問題解決するスキル、などがあり、徐々に高度になっていきます。

しかし、このなかで一番難しいものは何でしょうか？　ずばり、①聴くスキルです。「聴く」ことができなければ、一歩も前に進みません。②聴いて自分を主張するスキル、も聴くことができなければ単なる一方的な主張に終わります(国会での議論がそうですね)。

対人援助の仕事とは、「聴く」に始まり、「聴く」に終わります。**つまり対人援助に必要なことは、「聴く」スキルだといっても過言ではありません。**「聴く」とはそのぐらい難しいことですし、対人援助とは、このうえなくタフな仕事なのです。

第5節 対人援助スキルQ&A

「パニック行動時の対応について」や「相手にけがをさせてしまったときの対応について」など、具体的にわかりやすく解説しています。本節は保護者対応に悩む若い先生方に是非読んでいただきたい内容です。

Q1 1人だけをほめると全体の公平性が失われませんか？

A 特別な支援を子どもたち全員に理解してもらう

特別な支援を要する子どもに必要な支援を提供することと、全体に対して公平であることは矛盾するようにみえます。個別の支援の必要性と、全体に対する公平性は相対する関係なのでしょうか？

小さい子どもほど公平性に敏感です。ケーキを人数分に分けるとき、少しでも偏りがあると大声で不平を主張する子どもをみたことがあるはずです。一方で、「○○ちゃんはね、お腹ペコペコで頑張っていたんだよ」とか「○○ちゃんはね、こんなこともあんなことも自分からたくさんお手伝いしていたんだよ」という、合理性のある理由を提示されると、大抵は素直に納得してくれます。

特別な支援を特定の子どもに提供する場合には、合理性のある説明を、クラスの子どもたち全員に提示し、理解してもらう必要があるのです。私は以下のようにクラスの子どもたちに理解してもらっています。

「○○くんはね、怒ったり泣いたりすることを自分でも抑えることができないんだよ。だからね、先生と○○君は抑えられるようにトレーニング中なんだ。それには時間が必要で、授業中でもそのトレーニングが必要な場合は、授業を中断してでも、先生と○○君は話し合いをするかもしれない。でも、それをみんなに理解してほしいんだ。○○君がパニックになると、クラスが騒然としてみんなも勉強できないでしょう？　みんなが安心して勉強するためにも、まずは先生と○○君で努力させてほしいんだよ。４月と５月でなんとか抑制できるようにトレーニングする予定です。だから先生と○○君が２人で話し合いをしているときは、まったく気にせず、自習していてほしい。みんなの協力が必要なんだ。みんなの協力を得ることで、この１年間、○○君を含めて全員が気持ちよく学習できる環境をつくっていきたいんだ」

率直で誠実な姿勢は何よりも重要です。○○君には特別な支援が必要なんだと、理解できた子どもたちは安心した表情を浮かべます。なぜなら、自分が特別な支援が必要なときには、安心して支援を受けることができるとわかるからです。

Q2 たくさんの子どもが迷惑と感じています。それでも一緒のクラスにいるべきですか？

「誰が一番困っているの？」と考えることで対応がわかる

周囲からみると、どうしてこんなささいなことでキレたり、パニックになっているのだろう？　と不思議に思えてしまう状況があります。そんなとき、先生はこのように相談されます。

「クラスのほかの子どもたちは、本当によく我慢してくれています、もう限界だと思います。私ももう、どうしたらよいかわかりません。どうしたらＡ君のパニックは収まるのでしょうか？」

先生は、一番困っているのは周囲の子どもたちであり、それらの不満を一手に引き受け、Ａ君自身のパニック行動の処理で疲労困憊している自分自身が、とても苦しい状態であると感じています。どう学級経営を進めていけばよいか、途方に暮れて五里霧中の状態といえるでしょう。

さて、一番苦しい状態に陥っているのは誰か？　そう質問されれば、先生は

「私ですよ、もう病気になりそうです」と答えるでしょう。しかし、ここで思考転換してみましょう。「本当に一番苦しい状態に置かれているのは誰でしょうか？」

そう、パニック行動を頻発させているＡ君です。まだ10歳前後で、自分を抑制できず、人に迷惑をかけてしまって、先生にも級友にも誰にも本当の意味で理解されていない状態にあるのがＡ君です。パニック行動を起こすたびに自己嫌悪に陥り、将来に何の希望ももてず、「自分はなんてバカなんだろう！」と絶望感にさいなまれています。だからこそ、パニック行動を頻発しているのです。

このように行き詰まった状態になったとき、子どもと先生の両者が相互に振り出しに戻って、「よい関係にしていこうね」というのは無理な話です。しかし、先生はＡ君の苦しみと絶望を理解することが絶対不可欠です。「Ａ君、パニック行動を毎日繰り返して、本当に苦しいよね」という共感がなければ、一歩も前に進まないのです。行動の問題だけを修正しようとすると、すぐに限界がみえます。大切なのは行動の問題の背景にある、「認知の歪み」と「感情の爆発」に焦点をおくことです。この点に共感し、両者が言語化できたとき、はじめて解決策がみえてきます。

インクルーシブ教育をどう考えるか

インクルーシブ教育とは、「障害のある者とない者がともに学ぶことを通して、共生社会の実現に貢献しよう」という考え方です。素晴らしい理念ですが、理念のみが先行してうまくいっていないケースが多数発生していると思います。

例えば、パニック行動が頻発しているＡ君の場合、すべての教科と活動にクラス全体と同じ場を共有すべきなのか、冷静に考える必要があります。Ａ君の場合、自分のペースで自分にあった学習環境で（しかも構造的な環境で）、自分の課題に取り組んだほうがよいことはたくさんあるのです。

学校の先生にとって、インクルーシブ教育はもはや強迫観念のようになっているようにさえ感じることがあります。インクルーシブな環境を整えれば、インクルーシブ教育は実現するなどという単純な考えは当然ながら限界があります。感情のコントロールがうまくいっていないケースでは、学習する場と課題について、もっと柔軟に分けてよいのではないでしょうか。インクルーシブ教育自体が目標ではなく、個性のある子ども同士、お互いが理解し合うことが最優先すべき教育目標なのです。

一緒にいることを最終目標としない。その子どもが最大限力を発揮できる場所と課題設定を最優先に考えましょう。

ここで重要なのは、どのような教育環境も高度に構造化されていなくてはならないということです。学習する場を分けたとしても、「何をするべきか（明瞭度）」と「守るべきルールは何か（ルールの透明度）」を落としてはいけません。個別の学習の落とし穴（主導権を誰が握っているか不明瞭）に陥っている場合、構造化の枠組みが台無しになっています。常に学校・学級の構造化のメリットを最大限に活かすという視点が基盤にあってこそ、その子どもが最大限の力を発揮できる場所と課題設定を最優先に考えることができるのです。一方でクラスの成熟度が上がっている場合、柔軟にルールの透明度を下げることができます。

Q3 なぜパニックになるのですか?

2つの留意点を念頭においた対応を

いったん閾値を超えると、「思いっきり机を叩く」とか「暴言が出る」子どもたちがいます（もちろん大人も）。このような不適応行動には先生はもちろん、周囲の子どもたちも騒然となることがあります。不適応行動の原因を探るには、以下の２点に留意してください。

パターンをみつける

パニックに至るストレス因がその結果（パニック行動）と比較してあまりにもそぐわない（周りの人が「えっ、こんなことでそんなに怒ったり、暴れたりする？」と思う）場合、特定のパターンが存在することが多いです。例えば、特定の言葉をかけられたりとか、特定の人（子どもや先生）が視野に入っていたりするケースです。

背景にあるイライラは突発的なこともありますし、持続的であることもあります。そのイライラがきっかけになる場合、なるべく刺激を少なくすることが効果的です。

イライラするきっかけが特定の人（子どもや先生）である場合、距離をとることが大切ですが、先生の場合は難しいですね。例えば、明らかに子どもがA先生との相性が悪く、近づいただけでイライラしてパニック行動に繋がっていると周囲もわかっているけれど手の打ちようがない、というケースに遭遇することがあります。

特別支援学校ではチームで教育にあたりますから、「A先生、○○君がイライラしますから距離をとってください」とはっきり伝えるのは、はばかられます。しかし、学校は子どもが安心して学習活動に取り組めるようにすることを優先すべきです。多少の人間関係の葛藤は生じても、その勇気を大切にしましょう。

ほかの子どもがストレス因になっている場合、上手に距離をとることが必要です。同じ教室で一緒にいるだけでイライラしてしまうようなケースでは、部屋を変えることも視野に入れましょう。前述したように、インクルーシブ教育にこだわりすぎると、結果的に学習活動の停滞を招くことになります。最初は教室を分けても、少しずつ一緒に活動できる場面を増やす方向で取り組めばよいのです。

パニック行動でない状態をよく観察する

パニック行動を頻発させる子どもでも、四六時中パニックになっているということはありません。パニック行動でないときの状態をよく観察してください。多くの場合、教育環境が構造化されている場合は落ち着いているはずです。つまり、やるべきことがはっきりしていたり、ルールが徹底している場面では葛藤が少ないので、取り組みやすいのです。

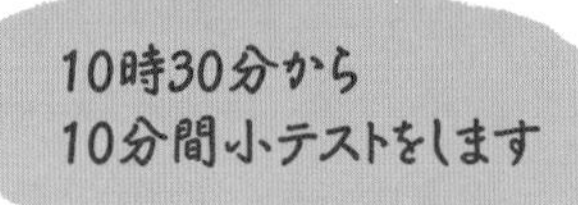

そういう状態から、一気に自由度が上がって、予期しないことが起こり得る状態になると、不安定になり、パニックになるケースが散見されます。パニックにならないことを求めるよりも、その子どもが落ち着いている場面を長期化させる、という姿勢が妥当であると思います。

 行動上の問題があるたびに保護者に伝えるべきですか？

A 事実を正確に、状況まで含めてわかりやすく

比較的小さな問題であれば、すべてを保護者に報告することはありません。しかし周囲が騒然とするようなパニック行動があった際には、「事実を正確に、状況まで含めて」お話しするべきです。きっかけや原因が曖昧な場合は、あやふやな印象を与えてしまいます。その場合は、「きっかけについてはよくわかりませんが、落ち着いたときを見計らってじっくり話を聴いてみます」という姿勢がよいでしょう。

冷静沈着に。「家で指導してください」はタブー

ネガティブなことを伝えるのは気が重いものです。どうしても暗くなってしまったり、不安定な感情が出てしまったりします。感情的に張り詰めた状態で保護者と話すと、余計に不安感を高めてしまいます。努めて落ち着いた口調で、ややゆっくりとお話するのがよいでしょう。

「こんなことがあったので、家で指導してください」はタブーです。いくら完璧な親でも、家で指導したからといって、学校の問題をなくすことはできません。しかも、「家で指導してください」の背景には、「あなたの指導ができていないから、こんなことになっているのですよ」という意味合いが込められています。「このような指導をしましたから、家でも話し合ってみてください」などと話すとよいでしょう。

ラベリングしない

パニック行動を頻発させる子どもに対して、心の中で「問題児」とか「扱いにくい子」など、無意識にラベリングしてしまっていることがあります。「また」とか、「何回も」「いくらいっても」という言葉の使用は注意が必要です。

否定的態度は保護者との緊張関係を生じさせるだけでなく、子どもとの関係にも影響を与えます。できればユーモアを交えたり、あわせて長所や頑張った点も報告すると、良好な雰囲気が生まれ、保護者との連携強化に繋げることができます。問題が発生したピンチこそチャンスなのです。

Q5 他傷行為の被害児童保護者にはどのように伝えるべき？

保護者対応の高度なスキルが求められます

スピード感をもち、かつ丁寧に管理職に報告・相談する

学校ではやることがたくさんあり、先生も超多忙なのですが、子どもがけがをしたときは最優先で対応しなければなりません。けがの軽重にかかわらず、保健室に連れて行って養護教諭の手当を受け、即時に管理職の先生に報告します。スピード感が重要で、けがの程度やその状況について、丁寧に報告しましょう。ここでは、病院に連れて行くほどではないケースを例にお話ししましょう。

けがをさせた子どもを落ち着かせ、やってしまったことを確認する

相手にけがをさせるほどのパニック行動に発展した場合、その子どもも相当興奮しているはずです。そのような状態で指導したり反省させたりすることは逆効果で、ここで急いではいけません。場所を移し、ほかの先生についてもらいつつ１人にさせるなどして、落ち着かせます。対応する先生の緊張度が高いと、子どもも否定的に反応します。できるだけリラックスして、「どうかな？落ち着いたかな」と語りかけます。「落ち着いたら、先生のところに来てね」と話し、さらに時間をおきましょう。そして、十分に判断力が回復している頃を見計らって、「今日起こったことを話してくれる？」と語りかけます。

とにかく最後まで話を聴きましょう。途中で話を遮って先生の印象を話すと、「聴いてくれなかった」という結果になりがちです。まずは話を全部聴くつもりで、「うん、うん」と頷いたり、確認したりしながら聞き取ります。途中で「お

かしいな？」という点があったら、メモをとりながら、「それはあとでまた確認しようね」と応えて、継続していきます。

謝罪の強要や一方的指導ではなく、教育的な対応を優先する

大きな行動上の問題があると、先生は責任を感じすぎて、謝罪や反省の言葉を求めがちです。十分な聞き取りや背景の分析をする前に、「どうやって謝ったらいいの？」とか「きちんと反省しなさい」という指導をすると、あとでもめることになります。

教育現場では、子どもに謝罪を求めることが多いのですが、実はあまりよい方法ではないと私は考えています。「なんとか謝らせて、問題を早く収束させよう」という意図が伝わると、加害・被害両方の保護者に不信感を抱かせることになるのです。

謝罪や一方的な指導ではなく、先生に求められるのは適切な教育的指導です。例えば、「今回けがをさせてしまったけれど、あなたも、けがをした友達も、これから仲良く生活するにはどうしたらいい？」と一緒に考えます。

「このことを聞くとご両親も悲しむと思うけど、どういう風に伝えたらいいかな？　先生も力になるから考えてみよう」という協調的な話し合いをしていくのです。こういった話し合いから、自然な形で反省の言葉を引き出します。「次にこのようなことを起こさないために反省しなさい」では一方的で、効果は限定的です。1回目の話し合いでは、「きちんと振り返りができていればそれでよし！」なのです。

何回かに分けて話し合いをする

対人スキルの未熟な人は、問題が発生すると1回の話し合いで決着させようとします。焦っているので、結果的にうまくいきません。プロは、当初の見通しで数回から10回以上の話し合いを想定します。少しずつ相手の考えを認め

ていき、こちらの考えも受け入れてもらうのです。ほんの小さいステップを重ねることで、大きな合意が得られたり、信頼関係が盤石になっていきます。問題解決には、話し合いの積み重ねが必要なのです。

加害の保護者に伝える

加害の子どもと、その保護者の立場に立って、状況をできるだけ冷静に伝えます。子どもが反省していれば、そのことを第一に伝え、さらにそれらを丁寧に被害にあった子どもとその保護者に伝えられれば、問題解決に繋がることを話します。「謝罪優先」は、よい方法ではありません。学校としては、被害加害を超えて、学校生活を有意義なものにできるかどうかに重点を置いていることを強調します。これにより、保護者の協力を引き出すことができるのです。

被害の保護者に伝える

できるだけ詳細に、けがを負うに至った状況を説明します。けがを負った子どもの痛み、保護者の心痛を第一に考えていることを、率直に伝えます。ここで逃げているような表現は禁忌です（例えば、たまたま先生が近くにいなかった、休み時間の出来事だったから…など）。加害児童が真摯に反省していること、加害の保護者の方からもお詫びの気持ちを伝えたいという要望があることなどを伝えると、そうそう大事には至りません。

ここで、「保護者同士でお話し合いをしてください」というのは不適切です。あくまでも学校で起こったことは、学校が主導権を握って問題解決に導いていくという決意を表明することが重要なのです。絶対揺らぐことのないその姿勢をみせることにより、保護者だけでなく、子どもたち自身の協力も引き出すことができるのです。

Q6 悪いことをしても、なかなか事実を認めようとしません

事実関係の確認に長時間かけない

友達に手を出したり、人の物をとったりした場合、明らかな証拠があるにもかかわらず、その事実を認めようとしないことがあります。このような特徴的な行動がある子どもの指導は難しいので、慎重な対応が求められます。

「○○君を叩いたでしょう！」と先生が問いただしたとき、「いや、おれはやっ

ていない！」といい張ったり、「あいつがこんなことをいったから！」と合理化しようとしたりするときは、長時間かけて認めさせようとしても、大抵うまくいきません。

「やっていない」ことの理由を延々と述べさせると、「やっていない」ことが本人のなかで強化されるので、かえって危険です。子どもと先生の間での口論のような状況で教育的な指導は不可能です。そんなときは、「先生が目撃したことだけをあとで確認しましょう」と落ち着いた口調で話し、時間をおいてください。

「あなたが〇〇君に手を出したことは先生もみんなもみていたので、『やっていない』という主張は認められません。しかし、やってしまったことを反省して次にどうすればよいかについて、先生は力になることができます」

「今後も〇〇君と仲良くしたいのなら、先生が仲介して、話し合いをもつこともできます。またどのように話をしたらよいか、教えることもできます」

というように進めていきます。また、「やった、やっていないではなくて、今後どうしたらよいかが大事だよね」と、論点を絞ります。最終的に「最初は認めていなかったけど、何か理由があったのかな？」と尋ねることで、事実関係を争うことを避けることができます。

反省を促すための勇気を与えましょう。そして成功体験を添えましょう。

「事実関係がはっきりしてから反省を求める」では、刑事事件の検察官のようです。先生の役割はそんなに単純ではありません。子どもは、事実を認めて自分が不利な立場におかれることを恐れているのです。「自分がやったことなんだから認めるのがあたり前じゃないか！」という姿勢は深刻な対立構造をつくります。「ついカッとなって手が出てしまった」「感情が爆発して記憶が曖昧」などの場合、子ども本人も自分が悪いかどうか判断に迷うこともあります。「事実を認める」ことは実に勇気のいる行動なのだと認識しましょう。

逆にいうと、「事実を認める」勇気を与えることが先生の役割です。つまり罰を与えるのではなく、今後どうしたらよいかを丁寧に教えてくれるパートナーになるのです。例えば、謝るときの姿勢とか言葉の使い方などを先生がモデルになって教えます。きちんと事実を認めたときは「素晴らしいね。あなたは事実を素直に認める勇気があるよ！」と具体的にほめます。その友達と上手に遊んだり声をかけられたりしたときにはしっかりフィードバックします。つまり成功体験を添えるのです。それが次にトラブルがあった際の「勇気」に繋がります。

Q7 反省しても、すぐ同じことを繰り返してしまいます

3つの留意点を念頭に置いた対応を

「大声を出してしまう」「物を壊してしまう」「立ち歩いてしまう」「同じ失敗を繰り返す」などの行動を頻発させる子どもたちがいます。指導すると反省できるのですが、また同じことを繰り返してしまいます。このような子どもたちには、高度な指導スキルが要求されます。

不適応な行動をなくすのではなく、「減らす」ことを目標に

このような行動が毎日続くと、さすがに先生も子どもたちもうんざりしてきます。なんとかそのような行動をなくしたいと感じてしまうでしょう。しかし、当事者の子どもが一番困っている場合がほとんどです。コラム❶〜❸（26、72，100ページ）に紹介した感情爆発の障害をもつ子どもたちのほとんどは素直に反省することができます（但し、関係性の悪い先生には徹底的に違反行為をすることもあります）が、自分で行動をコントロールすることが極端に苦手なのです。

1週間に不適応な行動が10回あったとすると、次週には7回に

抑えることを目標にしましょう。そして学期の終わりには、１週間に３回程度に減らすことができれば、大成功なのです。これは「教育の勝利」といえるかもしれません。

考えてみれば大人だって同じような失敗を繰り返しています。成人になると直接指摘されることは少なくなるので自分では気になりませんが、学校では一つひとつ指摘されるので、子どもにとっては針のむしろ状態です。もし不適応な行動を減らせれば、それを図や絵にするなど工夫して具体的に伝えましょう。具体的でわかりやすい賞賛こそ、行動改善の栄養になります。

敵対しない。指導する側がイライラしたり、感情的になったりしない

行動上の問題を多発させる子どもは、そうでない子どもの何十倍も指摘されたり叱責されたりしています。当然ながら、叱責される子どもは反抗的になったり、距離をとろうとしたりします。そうした態度がさらに教師側をいらだたせ、指導が雑になったり懲罰的になったりします。

この章でも強調しているように、援助する側は先生です。援助する側が、援助される側の感情に振り回されているようでは話になりません。指導に従わない子どもは、先生を敵対視していません。先生の指導の姿勢を敵対視しているのです。

反省している行為そのものをほめる

「この子どものどこをほめたらよいのですか？」という質問をよくいただきます。残念ながらこの質問をしている時点でプロとはいえません。もし素直に反省しているのならば、そこを絶賛しましょう。「どうせ反省してもまたやるんでしょう!?」という態度や姿勢が相手との敵対関係を招きます。「素直に反省できる君は素晴らしいよ！」とか、「(何度失敗しても) そうやって素直に反省できる君が大好きだよ」という言葉が、子どもに行動変容の力を与えるのです。

column

子どもの感情爆発の障害❷

間欠爆発症／間欠性爆発性障害

- 激しいかんしゃく発作がある（例えば、ビリビリとテストを破り、その後先生に暴言を吐き、椅子を蹴り飛ばして、大声で15分程度泣き続ける）
- 普段の機嫌はよいが、プチッとキレると、友人・先生を問わず罵詈雑言を浴びせ続ける
- 何もなければ落ち着いているが、キレると友人につかみかかっていきなり殴りつける、もしくは物を壊すほど暴れる
- 思いっきり物を投げたり壊したかと思うと、収まったときにはぐったりとしている

このタイプをみて、「何年かに１人はこんな子ども、いるよね」と思ったのではないでしょうか。それらは、「強度行動障害」（但し、日本独特の表現です）と判断されることもあります。自閉的特性の強い人が強度行動障害に発展していくことはよく知られています(図6)。しかし、逆に強度行動障害の特性が強い方が、自閉スペクトラム症と診断されることもあります。このような背景があり、自閉スペクトラム症は拡大解釈されやすいのでしょう。いずれにしても、よほどの専門機関でなければ、診断基準(147ページ)を満たしていたとしても、間欠爆発症／間欠性爆発性障害と診断されることは少ないように思います。

図6 強度行動障害と自閉スペクトラム症との関連性

「間欠爆発性／間欠性爆発性障害」の診断基準をみてください（147ページ)。キーワードは「攻撃的衝動の制御不能」です。この攻撃性は①言語面と②身体的暴行とに分けられます。

①かんしゃく発作（かんしゃく行為の連続)、激しい非難、罵倒などが特徴です。平均して週２回程度起こります。
②実際の攻撃行動、器物の破損、友人・家族・先生への負傷させるほどの暴行が年に３回程度起こります。

重要なポイントは、かんしゃく発作や攻撃のきっかけはあまりにもささいなことである、ということです。もう１つは、その衝動的攻撃行動が収まったときには、本人は「またやってしまった！」といった感じで、ひどく苦しんでいるということです。

「えー、そんなことで」と先生や家族は不思議に思っているのですが、本人は急激に込み上げる怒りと攻撃性の衝動を抑えられない障害なのです。この障害は、子どもだけでなく成人にも適用されます。

第3章

子どもと使えるワークシート

認知行動療法は、治療者と患者さんがワークシートを活用して進めていきます。本章では、子どもと先生が協働しながらワークシートを活用できるように工夫しました。いわば、学校バージョンの認知行動療法ワークシートを解説していきます。

ワークシート一覧

Step1 「認知の歪み」を理解するワークシート

1. 全か無かの思考
2. 一般化のしすぎ
3. 結論の飛躍
4. 心のフィルター
5. マイナス化思考
6. 拡大解釈と過小評価
7. 感情的決めつけ
8. すべき思考
9. レッテル貼り
10. 個人化

Step2 感情に働きかけるワークシート

- 複雑な感情に気づかせる その1／その2
- 感情にラベリングする
- 子どもの思考を裏づける証拠についての質問
- “感情→行動”のパターンを知る
- 感情に向き合う（失敗を理解する）

Step3 行動に働きかけるワークシート

- 聴くスキルを磨く
- 誰（何）のせいか？
- 選択の余地を検討する
- ポジティブ・トーク
- ほかの子どもの協力を引き出す
- 役割をもつ
- 成功時のフィードバック
- 暴露療法

学級構造化ワークシート

- 学級経営状況把握①
- 学級経営状況把握②

第1節 ワークシートについて

子どもとのコミュニケーションを増やし、関係性の質を高めることを重視してください。また個別指導だけでなく、学級構造化ワークシートを併用すると、効果が倍増すると思います。

成人の認知行動療法では、たくさんの技法を用いつつ、1回のセッションの長さや終了回数、治療の展開まで、ある程度が明確になっています。つまり、パッケージ化されています。

子どもの認知行動療法では、そこまで成熟していないのが現状で、学校の先生が日本の学級経営を活かしつつ認知行動療法を展開しようとする試みは、本書以外にありません。学校という構造化された環境に最適な認知行動療法を実施するために、本書では、前書『教室でできる 気になる子への認知行動療法』の技法に応じたワークシートを用意しました。その使い方については、以下の点に留意して使用してください。

1. 子どもと先生の協働作業に

成人の認知行動療法では、ワークシート記入は患者さんの宿題になることもありますが、本書はそうではありません。子どもと先生が一緒に記入していく形式にしています。子どもと先生がいろいろなトラブルや問題点、成果などを振り返る取り組みの一環として、ワークシートを活用してください。

そのとき、特に留意してほしい点は「今、ここで起こっていること」に焦点をあてることです。子どもの場合は、パニック行動のあと、2、3日も経過すると事実関係の記憶が曖昧になり、そのときの感情を想起するのも難しくなってきます。クリニックの認知行動療法と違って、学校ではタイミングよく介入することもできますし、パニック行動があったとしても、落ち着いてから振り返ることも可能です。

「今、ここで！」つまり「熱いうちに打て！」と言い換えることができるでしょう。適切かつ十分なクールダウンを経て、認知や思考、感情や行動を検証し、より適応的な行動を一緒に考えることが重要です。それも子どもと先生が協働して。それができるのが学校なのです。

2. 心理教育の一環として活用

医学的治療では、心理教育は必須です。どんな病気を治すうえでも、患者さんに以下のことを理解してもらう必要があるのです。

①自分の病気の状態を知る

②その病気がどんな問題(症状)をもたらすかを知る

③その問題（症状）の対処方法を知る

心理教育はこの３つです。子どもと先生がワークシートを使用して協働作業をするということは、先生が意図的に心理教育をおこなうことと同義です。

苦しい病気にかかったとき、お医者さんから「こんな風にすれば治りますよ」とか「この薬がよく効きます」といわれてほっとした経験があると思います。パニック行動を頻発させている子どもは、大抵、五里霧中の状態で、今、自分の状況や見通しがもてていません。だからこそ、信頼できる先生からの心理教育が重要なのです。

3. 基本は 3Step で

本書では認知（Step1）・感情（Step2）・行動（Step3）の３つの側面からワークシートを提供しています。学校で認知行動療法を進めるうえで、通常は Step1・2・3 と順に進めていきますが、手をつけやすいところからはじめても構いません。例えば、感情（Step2）や行動（Step3）のワークシートを先に使用してもよいのです。できれば、認知（Step1）のワークシートは先生だけが把握するほうがよいでしょう。

4. 学級構造化ワークシートと並行して

第１章第２節で「個別のサポートだけでなく、集団へのサポート（構造化）がカギ !!」であることを強調しました。先生のやることは簡単にいうと２つでしたね。１つは支援の必要な子どもに過不足なく支援すること。もう１つは学級の構造化（集団へのサポート）です。

学校での認知行動療法は、安定した教育環境をつくること、つまり学級経営のスキルがないと成立しません。逆にいうと、個別のサポートと集団へのサポートが両立したケースで、顕著な支援効果が発揮されるのです。

よって最後に「学級構造化ワークシート」も加えました。今、ご自身の学級の構造化のレベルがどの位置にあるのか、どの構造化のレベルを目指すのかを整理するために使用してください。

第2節 子どもと使おう！ ワークシート

たくさんのワークシートを用意しましたが、すべてを使用する必要はありません。Step1の「認知の歪み」を理解するシートは、子どもの思考パターンを整理する際に有用です。

Step1 「認知の歪み」を理解するワークシート

1. 全か無かの思考

物事を白か黒かでしか考えられない思考様式です。「人は完璧でなければならない」や「誰からも好かれなければならない」と固く信じてしまうと、自分に対してまったく満足することができなくなってしまうのです。

- □ 白か黒か、0か1かという極端な考え方をする
- □「グレーゾーンなんてあり得ない」という
- □ 100点でなければ意味がない
- □ 少しでも失敗すると「もう二度とやらない」という
- □ 少しの失敗でも「完全な失敗」と主張する

□ / 5点

2. 一般化のしすぎ

たった1度や2度の失敗や悪い出来事を、今後も永遠に続くと考えてしまう思考様式です。「たまには失敗することもあるよ」と伝えても、過去の失敗経験にとらわれて、「絶対自分にはできるはずがない」と強く主張します。

- □ 1回失敗したら、次も失敗すると言い張る
- □ 1回叱られたことを何度もあったかのようにいう
- □ いじめられたなどのつらい体験を過度に一般化する
- □ 相性の悪い友達を執拗に責める
- □「うまくいくはずがない」と繰り返し発言する

□ / 5点

3. 結論の飛躍

妥当な根拠もないのに、否定的な結論に飛躍してしまったり、悪い結果を予測してしまったりする認知の歪みです。例えば少しの失敗でも、「自分はばかだ！」と決めつけたり、友達との少しのトラブルでも、「一生友達にはなれない！」などと、悲観的になったりします。

- □ 根拠はないが、否定的な将来を予測する
- □ うまくいくこともあるが、そのことを無視、軽視する傾向がある
- □「自分は失敗するに違いない」と主張する
- □ 大抵、悲観的な未来を予測している
- □ 相手に対して否定的に、決めつけるような言い方をする

□ ／5点

4. 心のフィルター

たった１つのよくないことにこだわってしまって、悪いことばかりを思い出してしまう認知の歪みです。全体としてはうまくいっていても、少しの否定的な側面が全体を支配してしまいます。よって、うまくやれそうなことでも、「絶対失敗する！」といって、行動に移せないのです。

- □ 本質ではないと思われることでも、否定的な面にこだわりすぎる
- □ 少しでもネガティブなことがあると、やろうとしない
- □ 自分や相手のネガティブなところばかり目につく
- □ くよくよしてしまって、次の行動に移れない
- □ 自分のよいところ（長所）に気づかない、認めようとしない

□ ／5点

5. マイナス化思考

認知の歪みのなかでも、もっとも厄介な認知の歪みです。なぜなら、よいことが起こったときでさえ、悪いことに置き換えてしまうからです。例えば、友達にやさしく声をかけてもらったときでも、「悪口をいわれた！」とか、そのこと自体を無視してしまいます。

- □ よいことがあったとしても、悪い出来事にすりかえてしまう
- □ よいことがあったとしても、それを否定する
- □ 楽しそうな表情をしていても「楽しくなかった」と主張する
- □ プラス面のことはすぐに忘れてしまう
- □ 過去にあったポジティブなことも、なかったかのような発言をする

□ / 5点

6. 拡大解釈と過小評価

自分の失敗や悪い面を必要以上に強調してしまう一方で、自分の成功やよい面は極端に小さく考えてしまう認知の歪みです。客観的にみて、平均以上だと思われるのに、「自分は何もできない」と言い張ったり、「全部自分の責任だ！」と必要以上の罪責感を背負ったりします。

- □ 自分の失敗を過大に評価する
- □ たいした失敗でもないのに「すごく失敗した」と言い張る
- □ 相手の失敗を過小に評価する
- □ 他人の成功を過大に評価する
- □ 自分は人と比べて何もできないという思い込みが強い

□ / 5点

7. 感情的決めつけ

自分の感情を根拠に、好き嫌いを決めつけてしまう認知の歪みです。感情が先立ってしまい、「あいつは本当にだめなやつだ！」と主張することがあります。好き嫌いが激しく、特定の人（先生や友達）に対して極端に否定的な発言、行動をとります。

- □「こう感じるのだから、それは本当のことだ」というように、自分の感情を根拠にして、人を批判する
- □ 根拠もなく、特定の人を悪者にする
- □ 感情的な一般化（あいつは悪いやつだ）が優先しがちである
- □ 一旦、「これは嫌だ」という感情をもつと、それが揺らぐことはない
- □「○○が嫌いだからしたくない」と発言することが多々ある

□ / 5点

8. すべき思考

絶対的な独特の基準があり、自分や周囲がそれに従わないと、強烈な葛藤を抱いてしまう認知の歪みです。「みんなと仲良くしなければならない！」と強く思いすぎ自己嫌悪に陥ったり、「全員が一生懸命掃除をすべきだ！」と考えすぎて、周囲とうまく折り合いがつけられなかったりする子どもがいます。

- □ 強迫的なほど「○○をしなければならない」と強く思いすぎる
- □「〇〇すべき」とか「〇〇すべきでない」と言い出すと、他のことが目に入らなくなる
- □ 自分の絶対的基準が強すぎて、他者と折り合うことが苦手である
- □ 自分の絶対的基準にそぐわない状況では、強烈なストレスを感じている
- □「自分が考えた通りに世界があってほしい」という自己中心性が顕著である

□ / 5点

9. レッテル貼り

自分のことを究極的に、ネガティブに一般化してしまう認知の歪みです。例えば、周囲からみると、それほど失敗ばかりしているわけではないと思われているのに、「自分こそ出来損ないだ！」とか、「最低な人間だ！」と強弁します。

- □ 自分のことを「役立たず」とか「ゴミ」というように表現する
- □「どうせ自分は・・・」とか「最低の人間だ・・・」というように、自尊心の低さを示す発言をよくする
- □ 自分は無力で、かつ誰も助けてくれないという現実的でない考えに固執している
- □ 極端な偏見に基づいて、自分を貶めたり、卑下したりしている
- □ 周囲が考えているよりも、はるかに自己評価が低い

□ / 5点

10. 個人化

明らかに自分に責任がない場面でも、「自分が悪いから失敗した」と考えてしまう認知の歪みです。その罪悪感は現実と釣り合いません。自分に向かう場合は、「自分のせいでチームが負けてしまった」という発言につながりますし、他者に向かう場合は、「あいつがいるから学校が面白くない！」という態度になって表出することがあります。

- □「自分がばかだから失敗した」とか「自分が下手だからチームが負けた」という発言をよくする
- □ 理由もないのに自分や他人のせいにする
- □ 自分にまったく関係がないことでも自分を責める、逆に他人を責めたりする
- □ 強すぎる責任感があることで、うまくいかないことが多い
- □ ネガティブなことがあると、特定の原因に決めつけようとする

□ / 5点

認知の歪みの総合的評価

認知の歪み 10項目 ［　　］ / 50点満点

1-10点	認知の歪みそのものは、それほど深刻ではないと思います。子どもと先生の認知の相性が悪いと、深刻度が増すことがあります。
11-20点	深刻度は軽度ですが、その子どもの特性をしっかりつかんで指導しなくてはいけません
21-30点	深刻度は中程度です。パニック行動が伴う場合、対応はなかなか手強いと思われます。細部の指導方法については本書の内容をよく読んでください
31点以上	深刻度は重程度です。子ども本人も相当苦しんでいる状態です。先生もお手上げ状態で周囲の子どもたちも困っています。

Step2 感情に働きかけるワークシート

複雑な感情に気づかせる

その１ 複雑な感情って何？

あなたにとってのパニック行動って何？

例えば・・
机を思いっきり叩いてしまった / 大声で泣いてしまった / 友達に手や足が出てしまった など

あなたの複雑な感情を分析

そのときってどんな感情？

例えば・・
怒り / 苦しみ / 不安 / 悲しみ / 絶望 / 恨み / うんざり / もうだめ！/ 死にたい など

- ( )%
- ( )%
- ( )%

パニック行動を頻発させている子どもは、その子ども独特のかんしゃく行為や感情爆発が存在しています。まず、その子ども独特のパニック行動を、先生と一緒に確認しましょう。このとき、「またこんなこと、やっちゃったよね」は禁句です。「今日は○○の時間にひどく怒っていたけど、そのとき、大声で怒鳴っていたよね。怒ると怒鳴っちゃうのかな？」という会話で不適応行動とそのパターンに気づかせてください。次に、パニック行動に発展してしまうときの感情に目を向けます。子どもが上手に表現できない場合は、先生が適切な感情表現の言葉を提示していきます。それが「複雑な感情」なのです。そして、子どもの複雑な感情を分析していきます。例えば「怒り」が50%、「苦しみ」が25%というように。つまりそれは、**複雑な感情を言語化して「見える化」する作業なのです。**「複雑な感情」を見える化したとき、子どもと先生の共通の敵をみつけることができます。「あなたは悪くない！この感情が悪いんだ！　一緒に『複雑な感情』をやっつけよう!!」と語りかけ、子どもの苦しみを共有できたとき、問題解決に向け大きく前進することができます。

その2 身体症状を確認する

「複雑な感情」がわき上がり、パニック行動に発展してしまうとき、なんらかの身体症状が伴うことが通例です。パニック行動と同様に、身体症状もその子ども独特であること、そしてパターン化していることが特徴です。

「心臓がバクバクしてくる」とか「心臓が破裂しそう」というエピソードや、「顔が真っ青になる」、逆に「顔が真っ赤になる」というエピソードを話す子どももいます。

重要なのは、そのような身体症状がきっかけとなってパニック行動に至ってしまうというメカニズムを教示することなのです。

感情にラベリングする

あなたの複雑な感情がわき上がってきたとき、パニック行動が出てきてしまいます。あなたが悪いわけではなく、複雑な感情が原因なのです。敵をやっつけるために名前をつけましょう。複雑な感情がわき上がってきたときの身体症状を、先生と一緒にラベリングしてみましょう。

例えば‥

身体症状　　ラベリング

- 体が固まってしまう場合 → 銅像
- 頭が真っ白になる → 頭が雪男
- 心臓が止まりそうになる → もう死にそう
- 血が逆流してザワザワする → ザワザワ虫
- 息ができなくなるくらい苦しい → ほぼ窒息

身体症状	ラベリング

深刻な状態に向き合うのは誰でも嫌なものです。パニックの原因を探したり、複雑な感情に向き合ったりすることは、ある程度苦しさを伴います。そこで重要なのが「ユニークさ」です。例えば、「体が固まってしまう」身体症状があるとして、それを「銅像」とか、「カチンコチン」とか、ラベリング（命名）するのです。思わずプッと笑ってしまうネーミングがよいです。「君は、『銅像』状態になったとき、思わず机を叩いてしまうんだね！」といった具合です。

できればこのラベリングは、子どもと先生だけの秘密がよいでしょう。秘密を共有することで一体感も高まります。

子どもの思考を裏づける証拠についての質問

自分にとって、とても嫌なこと（思い込みかもしれないよ！）

それって、本当?? 嫌じゃないところをみつけよう！

自分にとって、嫌いな人（思い込みかもしれないよ!!）

それって、本当?? その人のよいところをみつけよう！

「運動会って、大嫌い！」という子どもがいます。とはいいつつも、実際、運動会になると結構楽しんでいるケースもあります。「運動会のかけっこ競技は嫌いだけど、綱引きは好き。でもかけっこは嫌いだから運動会は全部嫌！」というような主張ですね。

本当にその対象が嫌なのかどうか検証するのがこのワークシートです。少しは嫌なことが含まれるかもしれないけど、嫌じゃないところもあるはずです。子どもとの協働作業を通して、自分の否定的な思い込みに根拠がないことを探していきます。「〇〇くんは嫌い！」というケースでも、このワークシートは有効です。

“感情→行動”のパターンを知る

パニック行動になってしまう、よくあるきっかけ

複雑な感情

身体症状

大パニック！

つらかったよね

意図せずパニック行動になってしまった場合、「またやってしまった…」と落ち込んでいる様子がみられると、本当に困っている、または苦しんでいる証拠です。複雑な感情や身体症状を明確にしたら、「パニック行動になってしまう、よくあるきっかけ」を出発点として、大パニックまでを見える化しましょう。「自分はいつもこんな感じでパニック行動になっちゃうのか！？」と理解できれば大成功です。**是非パニック行動のあと、「本当につらかったんだよね」と問いかけ、つらい苦しい気持ちも書き込みましょう。**

感情に向き合う（失敗を理解する）

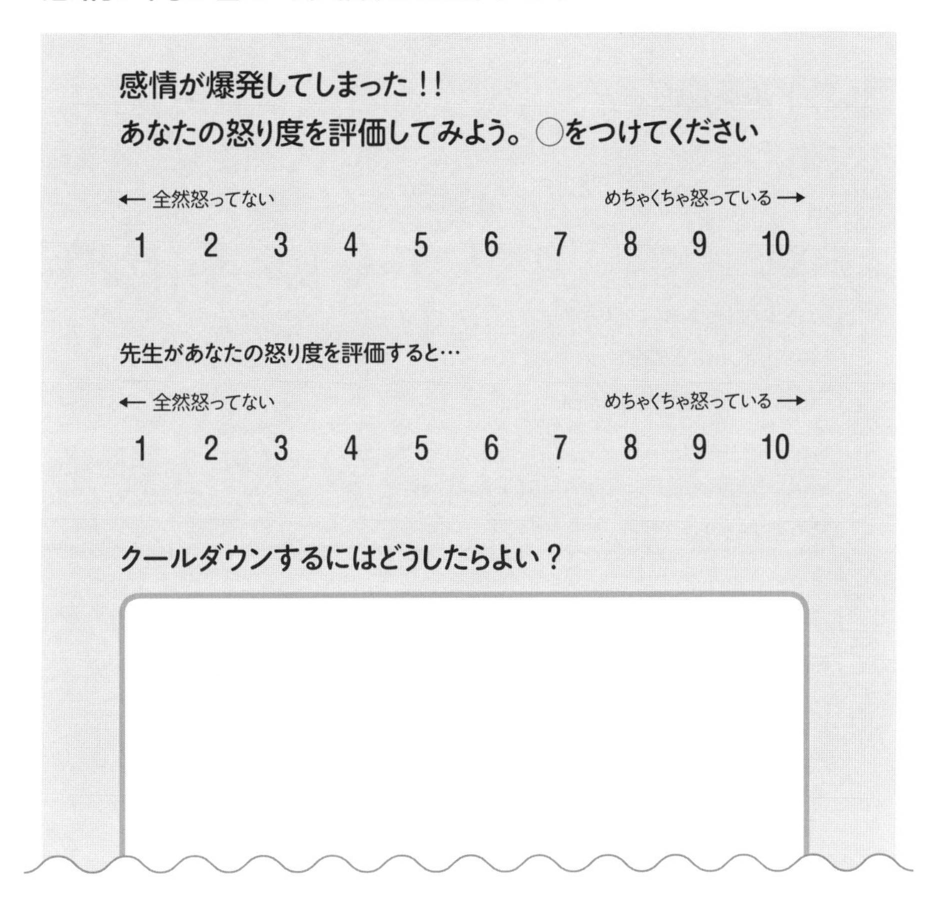

パニック行動に発展してしまうとき、大抵の子どもは「怒り」を伴う感情爆発を呈します。そして、その怒り具合が周囲に不自然さを与えることがあります。その怒りの度合いについて、子どもと先生とのそれぞれで10段階評価をおこないます。そうすることによって、**子どもに怒りという感情に向き合い、気づきを与えます。**以下に、よくある事例を紹介します。

《自分はそれほど怒っていないと思っていても、周囲は騒然としている》

子どもに自分自身の怒り度を評価させると3ぐらいなのに、先生が評価すると10になるということがあります。子ども当人はそれほど怒っていなくても、結果としての行動が激しいと、周りの子どもたちが困ることがあることに気づかせます。

《あまりにもささいなことで怒りすぎている》

子どもの怒り度は10であっても、冷静に考えると、それほど怒るようなことではない、ということはよくあります。先生も2あるいは3ぐらいの評価となるでしょう。結果としての感情爆発や行動の荒れと比較すると、そのきっかけはあまりにも不釣り合いであることを気づかせます。

Step3 行動に働きかけるワークシート

聴くスキルを磨く

友達とトラブルがあったとき「聴く」ことができたかな？

初級

- □ しっかりと目をみることができた
- □ 相手が話し出すまで待てた
- □ 目と耳と心と体全体で聴こうとした
- □ 相手とちゃんと距離を保つことができた
- □ 相手が話し終えるまで、こちらからしゃべらなかった
- □ 話の途中で手遊びなど一切しなかった
- □ 相手が何を言いたいか、注意して聞けた
- □ 10 秒に 1 回はうなずくことができた
- □ 相手の言っていることを繰り返して確認できた
- □「なるほど」とか「そうなんだ」という合いの手を入れられた
- □ 相手の表情を読み取れた
- □ 相手の言っていることを、まずは全部受け入れた

□ / 12 点

中級

「聴く」スキルを習得できれば、あらゆる対人関係に応用できます。基本は体全体で聴くこと。うなずきながら聴く、やわらかい表情を心がける、相手のいっていることを繰り返して共感する、そして最後まで話を聴くこと、です。

先生がモデルを示すことも重要です。定期的に子どもと先生が相互に「聴く」スキルトレーニングを実施しましょう。そして、このワークシートを使用してお互いに採点しあいます。**友達と何かトラブルがあったときこそ、このワークシートの項目に留意して相手の話に耳を傾けられるように支援すると効果的です。**

ワークシートには「初級」「中級」があります。まずは初級で満点がとれるよう、練習を重ねてください。自信をもって満点をとれるという先生はそれほど多くないはずです。「初級」は基本的なスキルばかりですが、定着させるのはかなり難しいのです。初級と中級の違いは、ずばり「感情のコントロール」です。意見の相違を乗り越え、否定的な感情をコントロールし、「妥協」へと到達することができれば中級者といえるでしょう。ここまで習得できれば、どんな問題も乗り越えられるでしょう。

誰（何）のせいか？

今日はどんな問題が起こった？

何が原因だった？ 誰が悪かった？

本当かな？ 先生と一緒に検証していこう！

同じことが起こったら、次、どうする？

何か問題が起こったとき、その原因について、子どもと先生、周囲の友達に認識のズレが生じることがあります。本当は自分に原因があるのに、「〇〇君が悪い!!」と認識していたのでは、適応的な行動は望めません。このような状態を「原因帰属の誤り」といいます。

犯人捜しをするわけではなく、**正確な原因帰属を通して、次に同じことが起こったときにどのように行動すればよいのかを考えていきます。**自分自身ではなかなか気づかない点を、先生と一緒に検証していくことで、正しい認識に導きます。

選択の余地を検討する

状況・出来事

そのときの複雑な感情

そのときの身体症状

その後の行動上の問題

どうやって先手を打つ？

パニック行動などの行動上の問題にはパターンが存在すると前述しました。一定のパターンがあるとすれば、それを予見し未然に防ぐことも可能です。まずは、子どもと一緒に対人トラブルのパターンを探してみましょう。「いつもトラブルになるきっかけ」→「複雑な感情」→「身体症状」→「パニック行動」と発展していきます。予防したいのは「パニック行動」なのですが、最初の「いつもトラブルになるきっかけ」を回避すればさらに効果的です。

「パニック行動」を違う行動に置き換えるスキルトレーニングとともに、「いつもトラブルになるきっかけ」に気づき、先手を打ってトラブルの発生そのものを予防するスキルも身につけさせたいものです。

ポジティブ・トーク

今日は誰と遊んだ？ どんな話をしたの？

先生にどんなことをほめられたの？

今日、誰にあいさつしたの？

あなたのよいところを　　　　　さんに 3 つ書いてもらおう

「今日は何かよいことあった？」「今日は誰と遊んだ？ 楽しかったね」「先生にどんなことをほめられたの？」とポジティブな答えしか出てこないように質問をしましょう。**特によく頑張った日に活用したいワークシートです。**現実に起こったよい出来事を、「よいこと」として認知できない状態は「認知の歪み」があるからです。ポジティブなことがたくさん思い出されることで、適応的な行動が促され、認知の歪みも修正されていきます。

ほかの子どもの協力を引き出す

今日１日、誰にどんなことで助けてもらった？

そのとき、どんな気持ちだった？

「誰も助けてくれなかった！」と強弁する子どもがいます。本当にそうなら怒るのも仕方がないのですが、よく観察するとクラスメイトのみんなに助けられていることが少なくありません。

認知の歪みが強いと、よいことを過小評価し、悪いことを過大評価する傾向があります。**このワークシートでは１日を振り返り、誰にどんなことで助けてもらったのかを確認します。**そのとき、どんな気持ちだったのかも記載しましょう。感謝の気持ちを書くことで、見える化するのです。

役割をもつ

自分が得意なこと

クラスのなかで自分が役に立てることは何？

自分が苦手なこと

誰に助けてもらったらよい？

認知が歪んでいる子どもたちと話をすると、「自分には何の取り柄もない」とか「役立たず」といって自分を極端に否定することがあり、驚きます。なぜかというと、その子は驚異的に物知りだったり、農作業が得意だったり、誰よりも真面目だったりするからです。

「自分に対する否定（自分は何もできない）」と「周囲に対する否定（誰も助けてくれない）」はかなり強固で、ほぐすのは大変な作業です。だからこそ、機会をもってその子どもの得意なことを認識させます。特に、クラス全体のなかで自分が役に立てることを一緒に考えます。例えば「植物の水やり」や「生き物の世話」などで貢献できるように後押しします。

また、短所や苦手なことも子どもと先生で共有しましょう。何かあったら助けてくれる友達も必要です。（先生以外の）誰に助けてもらったらよいかも明確にしておきましょう。

成功時のフィードバック

今日、　　　　の時間に先生にほめてもらったね
どんなことでほめてもらった？

今日、　　　　　さんにほめてもらったね
どんなことでほめてもらった？

あなたのよいところはどんなところ？

自分のよいところを考えているときは、どんな気持ち？

極端に自分を否定的にとらえていると、自分の長所がみえなくなり、自分をほめることができません。これは単なる謙遜という問題ではありません。先生によくほめてもらっているのに「いつも叱られてばっかり！！」と主張する子どもは、「ほめられることに関心が薄い」のです。よって、**しっかりほめたときはこのようなワークシートを活用して、先生や友達にほめられていることを確認します。**

これを認知の再構成ともいいます。歪んだ認知を現実的でバランスのよいものに少しずつ変容させていくのです。これにより、行動も適応的になります。

暴露療法

あなたの苦手なものは何？

どうやったら慣れるだろう

先生に何ができる？

友達には何をしてもらいたい？

「縄跳びだけは絶対したくない！」とか「粘土には絶対触りたくない！」という子どもがいます。失敗経験の蓄積により、新しいことに挑戦することができなくなっていると考えられます。このような子どもには、**苦手なものに少しずつ慣れてもらいます。その際、先生にはどんな援助ができるかを明確にします。また、友達の協力も不可欠です。**

先生方は「苦手なことでも、なんとか挑戦して成功させ、自信をつけさせたい」と考えがちです。しかし、苦手なことや不得意なことを挑戦させて成功しても、当の本人にとってはそれほどうれしいことではないのです。**「粘土に触りたくない」というのは、感覚過敏の問題もあります。**その点も留意しながら、このシートを使用することが重要です。

第3節 学級構造化ワークシートの使い方

認知行動療法に、学級経営および学級の構造化の視点を取り入れたのが本書の肝です。過不足ない支援を提供するためにも、学校全体で取り組んでいただきたいと思います。

学級経営状況把握①（構造化分析）

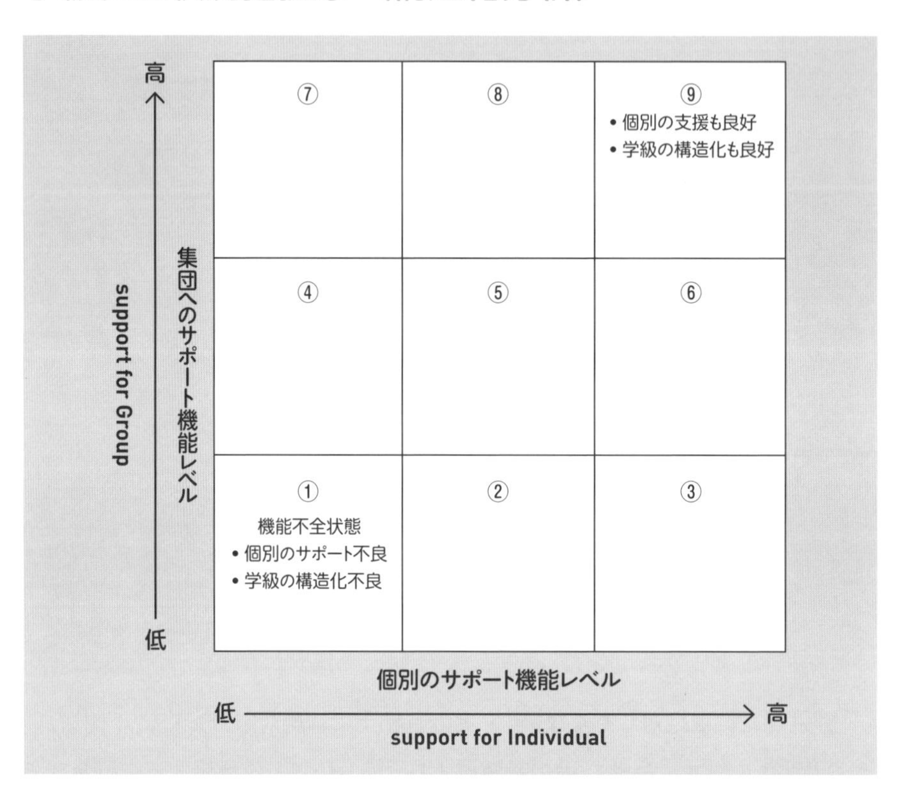

まず横軸をみてください。クラスに支援が必要な子どもは何人いるでしょうか？　その子どもにどんな場面でどんな支援が必要でしょうか？　支援が必要な子どもには、過不足なく支援することを心がけますが、個別の支援のやりすぎは禁物です。縦軸は安定した学級経営のためにできることを書きましょう。不適応行動を多発させている子どもも含め、子ども同士の助け合いが増加するような取り組みがおすすめです。例えば、現在の学級の状態が②の場合、３か月後には⑤や⑥、あるいは⑧の状態を目指すイメージをもってください。そのための具体的手段を考えるときにこのシートを活用します。

学級経営状況把握②（構造化詳細分析）

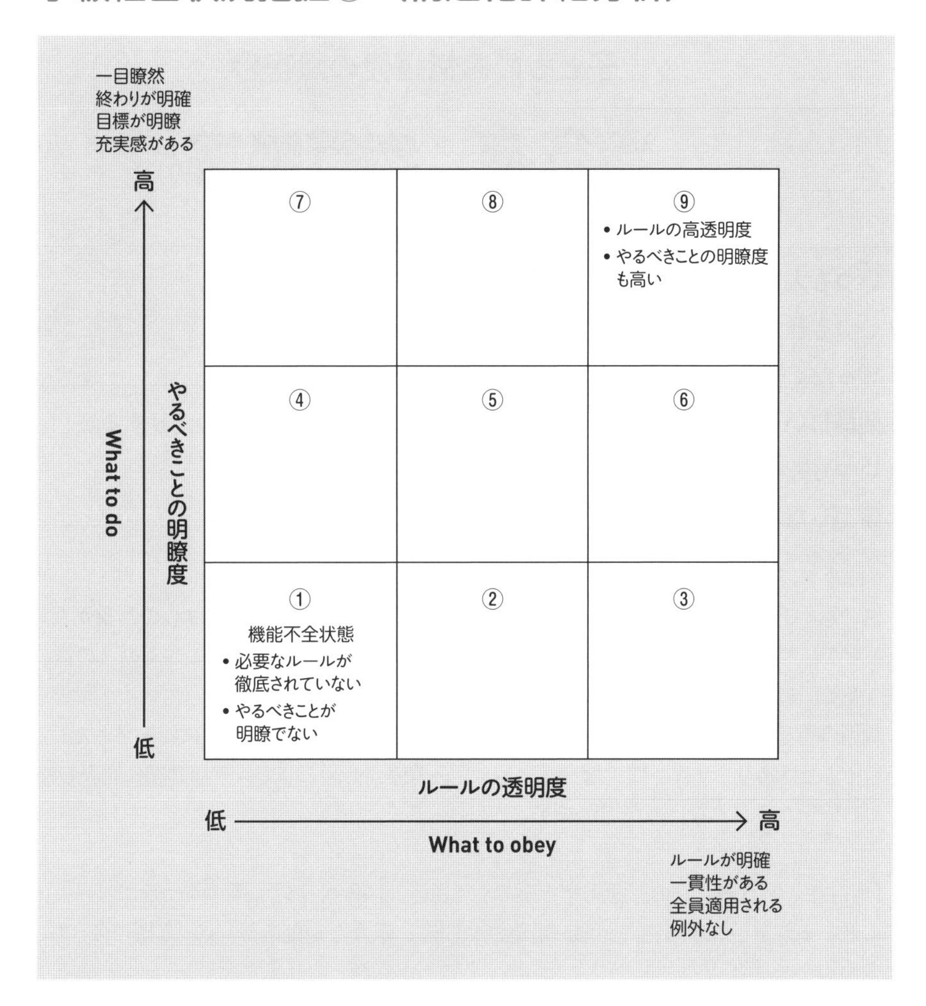

横軸はルールの透明度です。全員が守るべきルール、クラスや学校で遵守するべき事柄を明確にします。学習活動中のルールの透明度が高くなると、不平や不満が減少し、結果的にトラブルが減ります。

縦軸はやるべきことの明瞭度です。すべての学習活動の明瞭度を高めましょう。例えば、やるべきことが一目瞭然であったり、終わりが明確だったりすると、子どもの混乱や葛藤を最小化することができます。

自分自身のクラスの状態は①〜⑨のどこに位置しているでしょうか？　どの構造化のレベルが一番よい、ということはありません。子どもの状態によって最適な構造化のレベルは変化します。学級全体が荒れているクラスなら、一旦⑨の構造化レベルにもっていくことが必要かもしれません。そして少しずつ自由度を上げて、⑧や⑦の状態にもっていってもよいのです。

column

子どもの感情爆発の障害❸

素行症／素行障害

- いつも人をいじめたり、危害を加えたりする
- いつも暴力的にけんかをする
- まったく反省の色がみえない
- 残酷にいじめたり、面と向かって物をとったり他人の物を壊したりする
- いつも嘘をつき、嘘がばれても悪びれない
- 家出したり、家に帰らなかったりする

別の言い方をすれば非行少年（少女）になります。最大の特徴は「良心の呵責がない」ということです。つまり指導すると反省しているようにみえるのですが、言葉の端々やその後の行動を観察すると、まるで反省の色がみえないのです。

周囲の目をあまり気にしていないのも特徴的です。叱られても、友達に排除されたりしても落ち込むそぶりはありません。間欠爆発症と違い、感情爆発を起こして大きな問題に発展したとしても、苦しむ様子がみられないのが通例です。

「素行症／素行障害」の診断基準をみてください（148 ページ）。4 つのカテゴリー（人および動物に対する攻撃性、所有物の破壊、虚偽性や窃盗、重大な規則違反）の 15 項目のうち、1 年以内に 3 つ以上、半年以内に 1 つ以上を該当することが基準となります。

診断に当たっては、発症時期によって 2 つに分類することが求められます。10 歳までに少なくとも 1 つのエピソードが確認されれば、「小児期発症型」です。10 歳以降にエピソードが確認されれば「青年期発症型」となります。小児期発症型は圧倒的少数ですが、極めてハイリスクなグループであることを認識しておいてください。つまり小児期発症型は極めて予後が不良とされています。逆にいうと、最も強力な認知行動療法が必要なグループであるということもできます。

この診断基準にあてはまる子どもたちを、学校だけでなんとかしようとするには無理があります。なんらかの反社会的行動が顕在化した場合には積極的に学校以外の関係機関に相談し、連携する必要があります。年齢にかかわらず、暴行行為があったときは積極的に警察にも相談すべきです。日本の学校は、校内で起きた暴行事案をすべて学校側の責任ととらえて、関係機関に通報しない傾向がありますが、これは大きな問題です。小さな事件のときこそ初動が大切です。警察・児童相談所・家庭裁判所・少年鑑別所と、利用可能な相談機関は意外とたくさんあるのです。医療機関以外にも積極的に専門機関に相談することをおすすめします。

第4章

ケースでみるワークシートの活用法

本章では４つのケースを取り上げ、子どもと先生が会話やワークシートでの作業を通して行動改善していく事例をあげています。ケースごとに教育環境の構造化についても言及しています。個への働きかけと集団における構造化に注目してください。

case 1 被害的で、一旦かんしゃくを起こすとイライラが1日中続くA君

A君の日頃の様子

小学校４年生のＡ君は、多少やんちゃですがスポーツが大好きです。一方で常にイライラしている様子で、ささいなことでかんしゃくを起こします。運動会でのダンスでは、**「僕は去年もダンスで恥をかいた、失敗して笑われたくないから絶対やらない」**と言い張り、なかなか参加してくれません。３人１組になって踊る場面では、**「○○君は運動ができないし、動作が遅いから、一緒になんてできないよ！」**と友達に対してひどい不平をいいます。

暴言を発したり、大きなかんしゃくでは筆箱を壊したり窓ガラスを割ってしまったりすることもあります。**きっかけは○○君に「一緒に帰ろう」といわれたことや、先生が自分を呼び止めたときに手が肩に触れたからなど、いつも小さなことです。**そのため、いつかんしゃくが起こるか予測不能で、先生をはじめ、周りの子どもたちも戸惑っています。

かんしゃくを起こしたあとの指導はとても難しく、友達に手を出したり暴言を吐いたりしたことを指導しても、なかなか**自分の非を認めようとしません。**ときには、**担任の先生にも暴言を吐いたり物に当たったりして、手をつけられなくなります。昨年の担任の先生は厳しく、このような態度をとらなかったようです。**

機嫌がよくてニコニコしているときは友達にもやさしく、人が違ったようにみえます。一方で**気に入らないと担任に大声で不平を述べ**、周囲を巻き込みます。担任で新卒２年目の女性教諭は、ほとほと困っています。

先生の困りごと

- **なぜいつもイライラしているのか。イライラしていないときとの落差が激しく、どうやって指導したらよいかわからない。**
- **厳しい指導の男性教諭が担任だったときは落ち着いていたそうだ。今年になってかんしゃくも暴言も明らかに増えており、自分の指導が悪いのだろうか？**
- **少なくとも悪いことをしたときには謝って欲しい。**

Step1 認知の歪みを理解する

認知の歪み総得点		得点の高かった認知の歪み		どんなタイプ？
27点（中程度）	→	● 一般化のしすぎ 5点 ● 心のフィルター 4点 ● 感情的決めつけ 5点	→	感情が優先するタイプで、一旦「これはだめ」と決めつけると融通がききません。

※認知の歪みで点数の高かった項目は、A君の日頃の様子における下線部分が反映されています。

決めつけて考えるA君

A君は、学習内容や行事、人物までも自分の感情で評価を優先させてしまいがちです。「自分が嫌いなんだからだめなやつだ！」とか「やりたくないのだからやる必要がない！」と勝手に決めつけてしまうのです。丁寧に説明をすればするほどイライラが募り、さらに認知の歪みが深刻化してしまっています。

会話例

今日はずいぶん機嫌がよさそうだね

今日は体育の時間が2時間もあったから、楽しかったよ

サッカーの時間、かなり〇〇君を責めていたけど、どうして？

あいつさ、サッカー下手くそだからいつもチームが負けちゃうんだよ！ ホントにだめなやつだ！！

A君が怒鳴ったとき、〇〇君がとても悲しそうだったの、みてたかな？

そうだっけ？ サッカーに夢中でわからなかった

その後、チームの雰囲気も悪くなったよね。今度、怒鳴ってしまったときは、相手の悲しそうな表情を見逃さないようにしよう。それが第一歩だね

先生

サッカーが苦手でも、〇〇君は最後まで後片付けを頑張ってくれたよね

確かに、そうだな

A君

A君はサッカーが下手なやつはだめだ！ と決めつけることがあるから、それに気をつけたいよね

わかってるけど、できないよ

じゃあ、明日もサッカーの時間をつくるから練習してみよう！

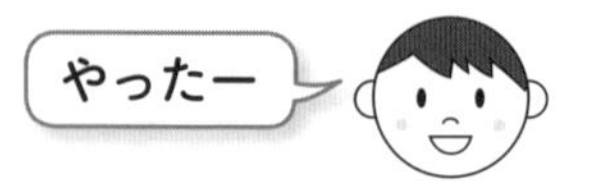

支援の入り口

感情が優先するタイプなので、イライラしているときの指導は有効ではありません。行動を否定することからはじめるのではなく、楽しかったことや、うまくいったことの延長線上で不適応な行動の修正に発展させましょう。その際、具体的な行動を教示することが重要です。また、話が長くならないようにしましょう。

Step2 感情に働きかける

複雑な感情に気づかせる その1 複雑な感情って何？

あなたにとってのパニック行動って何？

例えば‥
机を思いっきり叩いてしまった / 大声で泣いてしまった / 友達に手や足が出てしまった など

友達に暴言を吐いてしまう。自分の筆箱を壊してしまう。
教室にある物に八つ当たりしてしまう。

あなたの複雑な感情を分析

そのときってどんな感情？

例えば‥
怒り / 苦しみ / 不安 / 悲しみ / 絶望 / 恨み / うんざり / もうだめ！/ 死にたい など

- 怒り (60)%
- もうだめ! (20)%
- 苦しみ (10)%
- 誰もわかってくれない (10)%

会話例

音楽のグループ分けで腹が立ち、音楽の先生に怒鳴ったり、オルガンを蹴って壊してしまったりしたのね

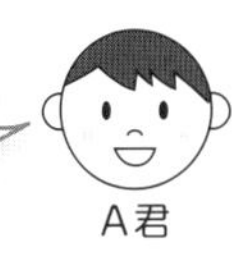

違うよ。僕が悪いんじゃない！ グループに入れてくれなかったから！！ もともと壊れていた!!

そう、そのことはあとで確認しましょう。でもいつものパニックになって、あのあとは随分落ち込んでいたよね

そう、またやっちゃった…っていう感じ。先生にもお父さんにも、大声出したり、物を壊したりしちゃいけない、っていわれているのに

先生

わかっているけど、止められないのかな？

そう、カーッとくると、もうわからなくなる

A君

よくわかるよ。だってよくないことだってわかっているから、パニックのあと、落ち込んでいるのよね

怒りすぎって、わかっているけど止められないよ

大丈夫。やめたいって思っている限りできるよ。人間は自分をコントロールすることができるの。A君はまだ苦手だけど、練習すれば絶対うまくなるんだよ

A君が絶対やめたいっていうパニック行動は何？

大声で人を怒鳴ってしまうこと。それと、自分の筆箱を叩いて壊してしまうこと。あと、ガラスを割ったり、ほうきを折っちゃうことも

いっぱいあるね！　これまでたくさん学校の物を壊してきたからね（笑）

わざとじゃない！！

知っているよ（笑）　だからね、もう壊さないように、一緒にシートを使って練習していこう

『あなたにとってのパニック行動って何？』っていうところに、“友達に暴言を吐いてしまう”や、“自分の筆箱を壊してしまうこと”…っていうように書いていこう

わかった。じゃあ、3つ書くね

この3つをなくせたら、とても楽になるよね

うん！　先生やお母さんに叱られなくても済むよ！

そうだね（笑）。じゃあ、一緒に頑張ろう！　協力してくれるよね

A 君のパニック行動の前には、“怒り”とか“不安”とか、“誰もわかってくれない”っていう気持ちがあるんだよね。そんな気持ちを「複雑な感情」っていうんだよ

へぇー、そうなんだ

ほら、このシートをみてね。たくさんの嫌な感情が書いてあるでしょう。どれが当てはまるかな

まず“怒り”、そして“もうだめ！”、“苦しみ”もあるかな。そして、ここにはないけど、“誰も助けてくれない”っていう気持ちもあるよ

そう、本当に苦しいのね。じゃあ一緒に分析していこう。「複雑な感情」の全部を 100%とすると、“怒り”は何%ぐらいかな？

そうだな、半分以上はあるよ

じゃあ、60%ぐらいかな。…これ（完成させた図）をみると、怒りが起こってきて、もうパニックになるのを我慢できなくなって、暴言になるんだね。そして、そうなったら、誰も止められないから、“誰も助けてくれない”って感じるのかな？

多分そうだと思う

そう、A 君のことがよくわかってうれしかったよ（笑）

シート記入のポイント

- 子どもと先生で事実関係を争うと、それぱかり焦点化されてしまい、問題解決に繋がりません。ここはあくまでもシートを活用して、感情に気づいてもらうことを優先します。素直に認めないことは、あとで確認するようにします。
- リラックスした雰囲気を大事にしてください。常に先生はユーモアを大切にしたいものです。また、会話中に、子どもの勝手な解釈があったとしても、途中で否定せず、最後まで「聴」いてください。
- 複雑な感情こそ共通の敵なのです。その意識を共有し、先生は「複雑な感情」をやっつけるリーダー的な存在になるよう、心がけてください。

Step3 行動に働きかける

役割をもつ

自分が得意なこと

掃除、体育の授業の準備、大きな声を出すこと。

クラスのなかで自分が役に立てることは何？

掃除の時間にみんなの机を拭くこと。
黒板をピカピカにすること。
体育の時間に大声でみんなを応援すること。

自分が苦手なこと

嫌なことがあっても我慢すること。
すぐに手が出てしまうこと。

誰に助けてもらったらよい？

F君だったらいつもわかってくれる！
F君の隣がいい。

会話例

最近、だいぶんパニック行動が減ってきたね。その調子だよ！（笑）

うん、「複雑な感情」がわいてきたときに、教室から出て行けるようになった！

すごいね。それでいいよ！　教室から出て行くときも、そっと行けるようになったね

そんなに怒っていないときは、深呼吸だけでも落ち着けるようになった

これまでのＡ君のパニック行動は、Ａ君じゃなくて、「複雑な感情」が悪かったんだよ！　それさえコントロールできるようになれば、安心して学校生活を送れるよね

うん！

先生はＡ君の得意なことや、よいところはたくさんあると思うよ。これからは、それを使ってみんなに喜んでもらえるような活動を考えよう！　みんなに喜んでもらえると、よりＡ君は学校で楽しく生活できると思うよ

うん、得意なことならいいよ

このシートを使って、自分が得意なことを書いてみよう。何が得意かな？

あんまり得意なことはないけど…

そんなことないよね！　Ａ君は掃除が大得意だよ。また、体育の授業の準備は誰よりも一生懸命やっているよ

そうかな？　でも掃除はいつも真面目にやっている

それじゃあ、掃除の時間に、いつもの清掃に加えてみんなの机を拭いてみたらどうだろう？　みんな驚くかもしれないけど（笑）

いいよ。そのくらい全然大丈夫

先生からもお願いがあるんだけど

何かな？

いつも黒板のチョーク受けが粉だらけになっているよね。Ａ君にぜひ、きれいにしてほしいんだけど

A君

いいよ。そのくらい。いつも助けてもらっているからね（笑）

先生

ありがとう！ それとね、声が大きいのはとてもよいことなんだよ。今度、クラス対抗のリレー大会があるでしょう。そのとき、このクラスの友達が走っていたら、思いっきり応援して欲しいな

当たり前だよ！ いつも応援してる！

じゃあ、よろしくお願いね（笑）

シート記入のポイント

- 「自分の非を認めようとしない」という子どもは、「自分の存在が認められてない」と感じているので、不首尾があっても簡単に受け入れることができないのです。自分が認められたと実感するためには、先生や友人に感謝される経験が必要です。そのため自分が得意なことで、周囲に役立つ経験と満足感が必要なのです。（前著『教室でできる 気になる子への認知行動療法』（中央法規）151 ～ 152 ページ「社会的絆理論」を参照してください）
- 「やらなければならないことがたくさんある」という状態をつくっていくことも効果的です。授業中でも休み時間でも、「何をすればよいかわからない」状態ではトラブルが頻発します。シートに書いているように、掃除の時間にはたくさんやることがあって、体育の時間には自分の役割があって、〇〇の時間には△△をして、というように、「多忙」状態がパニック行動の回避に有効なこともあります。
- 自分の長所と同様に、自分の短所や、苦手なことも知っておくことが大切です。学校では「苦手なことでも挑戦し、挑戦させて自信をもたせよう」ということが多いのですが、苦手なことで成功してもあまり自信に繋がらないと思います。苦手なことは上手に回避するスキルも重要です。

学級経営 学級構造化ワークシートで学級の質を向上させる

担任は、新卒２年目の女性教諭で、Ａ君の対応にほとほと困っています。反抗的で挑戦的で、議論好きなので、納得のいかないことがあると、徹底的に先生に対して難癖をつけるのです。例えば、先生が「新しい漢字を10回書きましょう」と指示しても、Ａ君は「えーっ、５回で十分だよ」と言い張り、「それじゃあ、５回にしましょう」と先生が修正すると、「なんで５回も書かなくちゃいけないの？」となります。

これはクラスのルールが明確になっていないことが影響しています。

「先生が指示したことに従う」「授業中の勝手な発言は許されない」「学習が終わったら静かに待つ」

などの基本的ルールが明瞭化されておらず（ルールの透明度が低い）、さらにやるべきことの指示も二転三転して明瞭化されていません（やるべきことの明瞭度が低い）。つまり、下のシートの①や②の状態なのです。早期に学級の構造化を見直して、⑨の状態にもっていく必要があります。

Ａ君のようなタイプはやや厳しめの先生で、⑧や⑨の状態に置かれたときなどは、気分も安定して学習活動に取り組めることが多いのです。

学級経営状況把握②

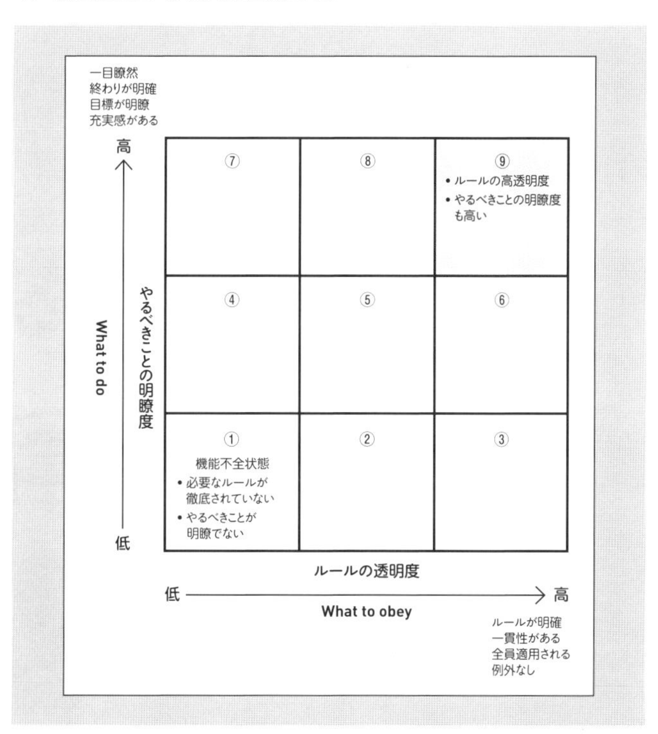

支援のまとめ

●パニック行動を頻発する子どもは、自尊感情が低く、自分のよいところをみつけられません。成功体験を蓄積することで、自分のよいところもみつめられるようになります。間違ったことは謝ってほしいと思うところですが、興奮している状態で非を認めさせようとしても、かえって逆効果です。まずはＡ君の話に耳を傾けて聴き、落ち着いたところで、自分の態度や認識を確認していくようにします。

●役割を担うことは、自信に繋がります。誰かのために役に立つことが人を成長させます。Ａ君はみんなから感謝されることにより、パニック行動そのものも少なくなりました。子どもと先生は１つのチームになります。気軽に相談できる雰囲気を醸成することが大切です。そして、先生が子ども本人の協力を引き出すことが成功の秘訣となります。

●Ａ君のようなタイプには、去年の担任のような厳しめの先生のほうが安定しやすいです。それは、学級経営の構造化を⑧や⑨の状態にしているからなのです。Ａ君へのかかわりだけでなく、構造化の質を高めることで、不適応な行動を減少させる取り組みが必要です。

case 2 不注意傾向が顕著で、パニックになると手がつけられないB君

B君の日頃の様子

小学校６年生のＢ君は、**ルールを守ろうとする意識が強く**、真面目に活動に取り組みます。一方で､融通が利かないところがあるため、友達がルールを守っていないのが気になって、先生に不平を述べたり、直接友達に指摘したりします。普段は、穏やかで明るく生活できていますが、**ちょっとしたことをからかわれたり、注意されたりすると、言葉でうまく対応できないことにいらだち、カッとなって手が出ることがあります。**低学年の頃と比べると、随分と落ち着きましたが、**月に１回程度は感情爆発を起こします。**

幼少期から自分の興味がないことはほとんどやらず、関心があることだけをやり続ける傾向がありました。そのため、授業では興味関心のあることはしっかり聞いていますが、**関心のないことはまったく取り組もうとしないことがしばしば**で、自分の**好きな本を読み続けるか、手遊びをしています。**

時間や場面の切り替えが苦手で、相手のことを考えず一方的に話し、**注意力も散漫で気が散りやすく、多弁で順番を待つことが苦手**です。**単純作業だとすぐ飽きて、友達にちょっかいを出しては注意されてけんかになるということの繰り返し**です。

絵を描くことや物をつくることは大好きで、想像力があります。後片付けは苦手なのですが、掃除は真面目にやっています。

先生の困りごと

- 関心があることはやり続け、ないことにはまったく取り組まないという落差が激しい。
- 自分から余計なことをする割には、勝手にキレて手が出てしまうことがある。
- 感情爆発が起こると止められない。何度注意をしてもそれを繰り返してしまう。
- 普段の明るい状態と、カッとなって暴力行為に至ってしまう状態があまりにも異なりすぎて理解できない。
- いつも行き当たりばったりの行動をどうしたら直せるのか？

Step1 認知の歪みを理解する

認知の歪み総得点		得点の高かった認知の歪み		どんなタイプ？
31点（重度）	→	● 拡大解釈と過小評価 5点 ● 感情的決めつけ 5点 ● すべき思考 5点	→	不注意・多動性ともに顕著で、一旦キレてしまうと止められず暴言や暴行がでてしまう。思い込みが激しい。

※認知の歪みで点数の高かった項目は、B君の日頃の様子における下線部分が反映されています。

自分の基準にこだわるB君

すべき思考が強いB君は、“～しなくてはならない”と過剰に思い込む傾向があり、やや独善的な判断で他者に注意します。つまり、自分の絶対的な基準が強すぎて、周囲と折り合いをつけることができないのです。自身の基準にそぐわないことがあると、葛藤を処理できずに爆発してしまうことの繰り返しです。

自分の失敗を拡大解釈してしまうことが多く、「自分は負けてばかりだ」とか「何ひとついいことがなかった」と訴えるのですが、勉強も運動もそれほど苦手なわけではありません。むしろ図工や音楽では豊かな才能を発揮しますが、自分ではそれに気づいていません。

会話例

今日はどうして機嫌が悪いのかな？　さっきも○○君と休み時間にけんかになって、手が出てしまったんだね。あれから落ち着いたかな？

うん、だいぶ落ち着いたよ

クールダウンで学習室にいたんだね。30分くらいかな

そう、学習室でもなかなか怒りが収まらなくて、壁を蹴ったり机をひっくり返したりしてた

そうか、壁や机は壊れなかった？

うん、大丈夫だった。15分ぐらいで落ち着けるようになった

そんな風に、上手に学習室でクールダウンできるようになって、教室に入りやすくなったね。とてもいいことだと思うよ。今度は机や壁を蹴らないように頑張ろうね

うん、先生、わかった

さて、今日は○○君が休み時間にボールを持ったまま教室に入ったから、許せなかったんだね

そうなんだよ！　教室にはボールを持ってきちゃいけないのに！　何度注意しても、いつもそうなんだ！！

○○君に聞いたら、うっかり教室に持って入ってしまったんだって。B君の正義感は素晴らしいと思うけど、暴力は絶対にいけないこと、理解できるよね

だけど、カッとなると叩いちゃうんだよ…

カッとなる前に考え方を変えていこう。絶対、ボールを教室に持ってきちゃいけないの？

だってクラスのルールだし、先生が決めたんでしょ！

うっかり持ってくることもあるし、授業で使うこともあるよね。B君は“絶対すべきだ”とか“絶対すべきでない”って考えたときにトラブルが多いよね

そうかもしれない

じゃあ、ほかにも“絶対すべきだ”とか“絶対すべきでない”っていう考え方をみつけていこう！

掃除時間は絶対さぼっちゃだめだし…、授業中にしゃべっちゃいけないし…、給食の牛乳は絶対残しちゃいけないし…、ノートは決められたもの以外は絶対使っちゃいけないし…

たくさんあるね！　B君は絶対っていう考えが浮かんだときにイライラしやすくなると思う。“絶対”っていう考えが強くなったとき、早めにクールダウンしたらいいんじゃないかな

うんわかった

支援の入り口

ちょっとしたきっかけで感情爆発しやすい子どもには、子ども自身や保護者も納得のうえで、クールダウンの部屋を効果的に使用しましょう。感情爆発してからクールダウンの部屋に連れて行くのは有効とはいえません。爆発する前にクールダウンさせることが重要です。会話では、【すべき思考】について子ども自身に上手に洞察させています。パニック行動を頻発させている子ども自身が、自分の認知のくせに気づいていることはあまりありません。

Step2 感情に働きかける

複雑な感情に気づかせる その2 身体症状を確認する

会話例

B君は、この前も○○君の背中を叩いたり、△△さんの腕をつかんだりしたね。そのあとはじっくり反省して、「複雑な感情」について一緒に考えたよね

うん、「複雑な感情」がとても悪さをすることを勉強したよ

今日はね、「複雑な感情」がわき上がってきたとき、どんな体の変化があるかを探っていこう！（シートに一緒に書き込みながら）まず、心臓とか、頭とか、顔とか、変化があるかな？

何かさ、一瞬体が固まるよ。もう何も考えられなくなる

そうなんだ！　ほかには？

頭がまっ白になる。そして心臓がバクバクしてきて、ギューッと歯を食いしばるんだ

そう…、もう何も考えられなくなるんだね

そうか、そういえば目もつり上がっているよね（笑）

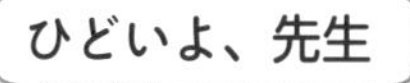

ごめんね。ほかにはどんな変化があるかな？

一度そうなると、全然止まらない。体全体がどんどん熱くなると、なかなか冷めない

「複雑な感情」がきっかけとなって、体の変化が次々と起こっているんだね。すごいよ、よくわかったよ。じゃあ、どうしたらいいかな？

そんなのわからないよ!!

先生

最初の頭がまっ白になる前に、予感はあるかな？　その予感がしたら、クールダウンの学習室に行くのはどうだろう？

少しはあるけど。すぐにできるかな？

B君

教室の外に出るだけでもいいよ。頭がまっ白になるときは、場所を変えるといいんだよ！　大人でもそうやっている人がいるよ

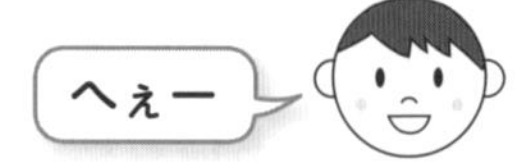

へぇー

みんなのいない場所のほうが落ち着くよね。階段でも、トイレでも、自分が一番落ち着く場所を探すといいね

じゃあ、やってみるよ。とりあえずパニックになりそうだったら、教室から出てみる

そうだね！　じゃあ、席を出入り口近くにしようね

シート記入のポイント

- 子どもと先生がパニック行動や感情爆発に身体の変化が関連していることを、協働で記入していき、理解を進めることが極めて重要です。学校での認知行動療法の肝であるともいえます。
- このシートは子どもと先生、どちらが記入してもよいのですが、できれば先生がわかりやすい言葉で表現し、理解を促すのが理想的です。身体症状を見える化するのです。
- 「協働して問題解決を図る関係をつくる」ことこそ、教育の基本です。

Step3　行動に働きかける

ほかの子どもの協力を引き出す

今日１日、誰にどんなことで助けてもらった？

〇〇君に体育の時間に片付けを助けてもらった。

△△さんに発表したときに、拍手してもらえた。

そのとき、どんな気持ちだった？

嬉しくて、本当にいい人だな、と思った。

シート記入のポイント

● Ｂ君のタイプに共通するのが、普段の様子と感情爆発した際の攻撃性にあまりにも落差があることです。普段はとてもやさしく、正義感も強くて、むしろ弱い立場の友達を助けることもあるのです。先生や周囲の友達は、そのギャップに戸惑うことがしばしばです。そんな場合は、【ほかの子どもの協力を引き出す】シートを使って、Ｂ君自身が孤立していないこと、周囲に助けられていることに気づかせていくことが大切です。

●シートにあるように、「片付けを手伝ってもらった」とか「友達にほめてもらった」という、小さくても具体的なことに気づかせるようにしましょう。

●みんなに助けてもらったことを、即時フィードバックすることが重要です。頼りにされている子どもでも、なんらかの形で援助されています。しかし、トラブルを頻発させる子どもは、「援助されている」ことに気づきにくいのです。助けられている場面を見逃さず、一番近くにいる先生が即時フィードバックを心がけてください。

成功時のフィードバック

今日、 音楽 の時間に先生にほめてもらったね
どんなことでほめてもらった？

山田先生に「すごくいい声してるね」といわれた。

今日、 O さんにほめてもらったね
どんなことでほめてもらった？

Oさんにも「歌、上手だね」といわれた。

あなたのよいところはどんなところ？

音楽会では、クラスのみんなを引っ張っていくことができる。

自分のよいところを考えているときは、どんな気持ち？

いつもは自分にいいところなんてない！と思っていたけれど、みんなにほめられるとうれしい。

会話例

先生

今日は音楽の山田先生にほめてもらったね。どんなことでほめてもらった？

えっ！？　ほめてもらったかな？

山田先生がB君の歌声をほめてくださっていたよ

そうだった、高音のパートで歌ったんだ！

6年生は声変わりするけど、B君はすごいきれいな声で歌えるんだね！

そんなに上手じゃないけど…

B君は『僕は何もできない』とか『負けてばかり』とかよくいうけど、そんなことないよね。誰よりも歌がうまい！！

そうかな、ありがとう！

その才能はB君の宝物だからね、自分のよいところを忘れないようにしよう。Oさんにも歌をほめられたしね。

うん、歌は得意かも

今度の音楽会も楽しみだね！

シート記入のポイント

- 音楽の先生にほめられたことを、友達にも同様にほめられました。本人は、普段なら見逃してしまうようなことですが、自分の長所として受け入れる練習が必要です。そんなときに活用したいのがこのシートです。
- 否定的な認知にとらわれている子どもは、なかなか自分のよい面を受け入れようとしません。謙遜ではなく、「たまたまうまくいっただけ…」と強く主張することさえあります。「ほめられたことがない！」と強弁する子どもでも、いろいろな先生にほめられていることが多いのです。
- 学校では即時フィードバックが可能です。学校での認知行動療法だからこそ奏功する技法といえるでしょう。

聴くスキルを磨く

友達とトラブルがあったとき「聴く」ことができたかな？

初級

- ☑ しっかりと目をみることができた
- ☑ 相手が話し出すまで待てた
- ☑ 目と耳と心と体全体で聴こうとした
- ☑ 相手とちゃんと距離を保つことができた
- □ 相手が話し終えるまで、こちらからしゃべらなかった
- ☑ 話の途中で手遊びなど一切しなかった
- □ 相手が何を言いたいか、注意して聞けた
- □ 10 秒に 1 回はうなずくことができた
- □ 相手の言っていることを繰り返して確認できた
- □「なるほど」とか「そうなんだ」という合いの手を入れられた
- ☑ 相手の表情を読み取れた
- ☑ 相手の言っていることを、まずは全部受け入れた

7 / 12 点

会話例

今日の○○君との仲直りの話し合いで、この【聴くスキルを磨く】シートを使って評価したよ。初級の 12 点中、7 点！

前よりも 2 点アップだね

目と耳と心と体全体で聴こうとしていたね。今までで一番姿勢もよかったと思うよ

うん、それは僕もできたと思う

今回、一番よかったのは、『相手のいっていることを、まずは全部受け入れた』ことだね。これはすごく難しいことなんだよ

ムカッときて言い返しそうになったけど、我慢したよ。『最後まで相手の話を聴きなさい』って、先生がいつもいっていたから、気をつけることができたよ

そう、最後まで話を聴いて、相手のいいたいことを受け止めることができたよね。じゃあ、このなか（ワークシート）でできなかったのはどれかな？

“相手の言っていることを繰り返して確認できた”とか“「なるほど」とか「そうなんだ」という合いの手を入れられた”かな？　この２つは難しくて、なかなかできないよ

そうだね。これは難しいよ。ポイントはね、ゆっくりやることなんだ。急いで合いの手を入れると、薄っぺらくなっちゃうんだよ。ゆ――っくり、ゆ――っくり、ね。例えば、『なるほど』も、『な―、る―、ほ―、ど――』ってやるんだ

へぇー、そうなんだ！

そこに体の動きも加えるんだよ。ゆっくり首を動かして、何回もうなずくんだ

わかった、やってみるよ

じゃあ、一緒に練習しようね

シート記入のポイント

- 聴くスキルは練習を積み重ねるほど上手になっていきます。何度も何度もこのワークシートを使用して練習してください。先生自身も聴くスキルを身につけることによって学級経営が円滑になると思いますし、保護者対応もうまくなっていくと思います。
- このシートを使用して聴くスキルの練習をするときは、「今日は 10 秒に 1 回はうなずこうね」など、具体的な目標設定をするとよいでしょう。
- 「鉄は熱いうちに打て！」といいます。うまくいかなかったときのフォローや、うまくいったときの賞賛は、即時対応が基本です。学校における認知行動療法では、「今、ここで」を重視し、適切なタイミングでの支援や賞賛を心がけてください。
- Ｂ君はトラブルのあった○○君と仲直りするために、「聴くスキルを磨く」ワークシートを活用し、ときどき先生と練習を重ねていました。まだ「初級」段階ですが、徐々に得点がアップしていきました。

学級経営 学級構造化ワークシートで学級の質を向上させる

以下の３つは、先生の困りごととしてあげられていたものですが、それらは相互に関連しています。

・関心があることはやり続け、ないことにはまったく取り組まないという落差が激しい
・感情爆発が起こると止められない。何度注意をしてもそれを繰り返してしまう
・いつも行き当たりばったりの行動をどうしたら直せるのか？

Ｂ君はやるべきことが明瞭でないと、すぐに飽きてしまうか退屈してしまい、終わりがみえないと苦痛なのです。また、学習活動そのものの意味づけが曖昧だと、「何のためにやっているの？」という疑問がイライラに繋がり、最終的にはかんしゃく行動に発展します。

一方で、「みんなと同じルールでやりましょう」というのはかなり無理があります。生活上のクラスで統一したルールは徹底したうえで、学習上のルールは柔軟に設定する必要があります。

よって、学級経営の構造化のレベルでいうと、⑦の位置にもっていくようにしましょう。すべての授業を通じて、「やるべきことの明瞭度」を上げていきましょう。可能な限り、一つひとつの学習活動の終わりを明示することも重要です。Ｂ君のイライラが低減すれば、大きなかんしゃくを起こす頻度も少しずつ減っていくと思われます。

学級経営状況把握②

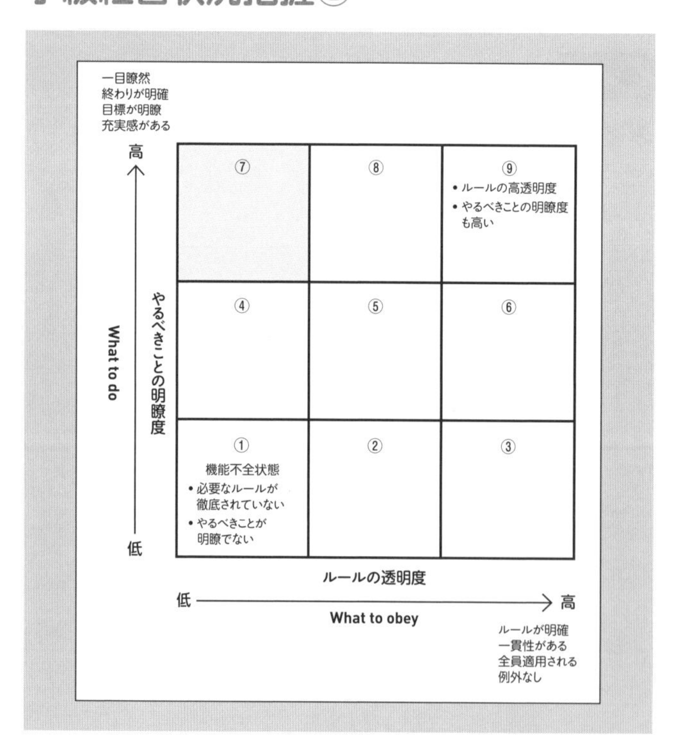

支援のまとめ

- B君のような感情爆発が激しい子どもは、定期的にかんしゃくを起こすことが知られています。大きい爆発だと3か月に1回とか、小さいかんしゃくだと1か月に1、2回、といった感じです。このような特性は、成人になっても持続しますが、次第に寛解していくことも知られています。かんしゃくを0にすることを目指すのは現実的ではありません。上述のように学級の構造化の質を上げて、イライラしてかんしゃくが起こるのを減らしていければ、キレて手が出るという事態も少なくなり、普段の様子との落差も少しずつ埋まっていくでしょう。
- 得意な場面（B君だと音楽や掃除）でこそ先生とのコミュニケーションを密にしてください。自分の興味関心のあることしか一生懸命やらない子どもがいます。それは見方を変えれば、興味関心があることは一生懸命やるのです。興味関心がない領域で頑張らせても、おそらくB君が自信をつけることはないでしょう。B君の得意なこと、興味関心があること、うまくやれる友達、そのような強みに焦点化することが重要です。

case 3 他罰的で、被害妄想に火がつくとイライラしてしまうCさん

Cさんの日頃の様子

小学校６年生のＣさんは友人関係において**とても不安が強く**、**ささいな出来事でも被害的に受け取る傾向**があります。例えば、「悪口をいわれているかもしれない」とか「ひそひそ話をされている気がする」といって、先生に訴えてくることがあります。そのような事実はまったく見当たらないのですが、その話を繰り返しているうちに「絶対に悪口をいわれている」という**確信に変わっていきます。**あとで「そんなことはなかったよ」と伝えても、その信念は**修正不可能なほど強固になっています。そんなときは決まってイライラが募っているようにみえます。**

また、「〜しなくてはならない」「〜すべきではない」という強迫観念が強く、それらのことにとらわれて、逸脱する人を見逃したり出来事を看過したりすることができず、日々の生活がとても窮屈そうです。例えば、「漢字ドリルの宿題は○○ページまでしなくてはならない」と思い込むと、どんなに苦しくても自分自身はやり遂げようとしますが、やっていないクラスメイトに対しても非常に厳しく対処しようとします。担任がそれぞれの事情にあわせて対応しようとすると、**「なぜ、○○君だけ許されるのか？」と猛烈に異議をとなえます。**最終的には、**抑えきれない感情の爆発が生じます。**

対人関係への不安感が強いため対人トラブルも多く、本人もそれに苦しんでいます。担任が「タイミングを見計らって、仲直りしようか？」というと、そのときは納得するのですが、いざけんかをした友達と面談しようとすると、不安が蓄積して決まって逃げてしまうのです。よってなかなか修復する機会がもてず、事態はどんどん悪化しているように感じます。

先生の困りごと

- 一度思い込むと何度話をしても修正不可能なときがあり、逸脱行為が許せない。いつの間にかエピソードが誇張されている。
- なぜいつも受け取り方が被害的で、「○○さんが悪い」というように他罰的なのか？
- 不安を解消できるように話をしても、明日にはまた同様の不安を訴えてくる。友人とのトラブルが多く、そのことで本人も苦しんでいるのだが、解決方法が見当たらない。
- Ｃさんにはどのような働きかけが有効なのか？

Step1 認知の歪みを理解する

認知の歪み総得点		得点の高かった認知の歪み		どんなタイプ？
34点（重度）	→	● マイナス化思考 5点 ● 感情的決めつけ 5点 ● すべき思考 5点	→	他罰的・被害妄想的で、一旦思い込むと柔軟に思考を修正したり、仲直りしたりできない。 対人葛藤場面に弱く、対人スキルが弱い。

※認知の歪みで点数の高かった項目は、Cさんの日頃の様子における下線部分が反映されています。

対人関係への不安を抱えるCさん

認知の歪みとしては、【マイナス化思考】【感情的決めつけ】がすべての対人関係の悪化につながっていると思います。Cさんには明らかに苦手なタイプがあり、その人からの指摘や好意を素直に受け取ることができないのです。

そのことにより、いいことをしてもらったときでさえ、「何か裏の意図があるのではないか」とか「本当は違う魂胆が隠されているのではないか」というように思い込むことにより、自ら対人関係の範囲を狭めてしまっています。

Cさんの思い込みや信念は他者が想像するよりはるかに強固です。これを覆すことは容易ではありません。いいことが起こったときには、すかさずフィードバックして正しい認識をもってもらう必要がありますし、【マイナス化思考】により状況を誤解している場合には、速やかに、そして何度でも認識を修正していく必要があります。一方で、事実関係の精査（やった、やらないなど）で長く議論するのはやめましょう。

会話例

Cさん

先生、△△君がいつも掃除をちゃんとやってくれません。ちゃんと叱ってください

先生

そうなんだ。"いつも"っていうのは毎日のこと？

そうなんです。"いつも"なんです！

先生もいつも一緒に掃除をしているけど、△△君がいつも掃除をさぼっているとは思えないな。議論していても仕方がないので、Cさんと△△君と先生で明日から一緒に掃除しようね

わかりました。それと先生、○○さんがいつも私の悪口をいっているような気がします

そうか、それでいつもイライラしていたんだね

そうなんです。いつも避けられているような…

悪口をいっているかどうかわからないことを、事実としてはいけないよ。今日は体育で一緒のチームになるよね。そこで何かトラブルがあったら、膝を突き合わせて話し合いをしようね。先生が必ずお互いの話をきちんと聴くから、大丈夫、安心してね

支援の入り口

話を「聴く」ことが重要ですが、事実でないことは認めてはいけません。また、過去のことを持ち出したときには、現在の問題に焦点化させます。その際、議論を延々と続けてはいけません。Cさんのようなタイプは議論好きなので、相手のペースで話を聴きすぎると、かえってこじれることになります。特に被害的になっている場合、真実を突き止めるよりは、今後良好な関係に発展させることに意識を集中させます。何よりも、安心感を与えられる担任が必要です。

Step2 感情に働きかける

感情に向き合う（失敗を理解する）

感情が爆発してしまった！！
あなたの怒り度を評価してみよう。◯をつけてください

← 全然怒ってない　　めちゃくちゃ怒っている →

1　2　3　4　5　6　7　8　9　⑩

先生があなたの怒り度を評価すると…

← 全然怒ってない　　めちゃくちゃ怒っている →

1　②　3　4　5　6　7　8　9　10

クールダウンするにはどうしたらよい？

「それほど怒ることではないかもしれない」と
立ち止まってみよう。
イライラしているとき、違うことを考えるようにしよう。

会話例

今日は先生と△△君と一緒に玄関の掃除をしたね。いつものように、C さんはとても一生懸命掃除していたよ。偉かったね

はい、一生懸命掃除をしていましたが、私はとても、とっても怒っていたんです

へぇー、そうなんだ。何があったの？

△△君がロッカーを拭いたぞうきんを、きちんと洗わずに干していたんです

そうなんだ、△△君、ちょっと来て！　△△君、今日の掃除の時間、頑張ってくれてありがとう！ 掃除のあとのぞうきんもしっかり洗ってくれていたけど、次に使う人のことも考えて、もう少しきれいに洗って干してね！

わかったよ！　石けんを使うといいね。これからそうする！

ありがとう！　明日の掃除も楽しみにしているよ

Cさん、今日のこの件の怒り度を評価してみよう。そう、満点の10点で“めちゃくちゃ怒っている”だったよね。先生からみると、2ぐらいが適当だと思うよ

うん、あとで△△君の話を聴くと、そんな気がする

Cさんは、“△△君がわざときれいにしていないんじゃないか”とか“私に嫌がらせしているかもしれない”と思ったんでしょう？

そう、絶対そうだと思って、めちゃくちゃ怒っていました

これからはね、“それほど怒ることではないかもしれない”と立ち止まってみよう！　すぐに先生に相談に来ると安心できるよ！

わかった。ありがとう、先生

シート記入のポイント

- 感情爆発してしまう多くの子どもは、なぜ自分が爆発してしまうのかがわからないので、反省のしようがありません。感情爆発を抑え込むのは至難の業です。爆発しないようなスキルを身につけるトレーニングを心がけましょう。
- このシートは怒りの感情の程度について、本人と周りで受け取り方に違いがあるかを知るシートです。このケースでは、本人は最大の10の怒り感情を爆発させていますが、この程度のことでは、怒り感情が2ぐらいで丁度いいことを伝えましょう。
- 感情爆発によって大きな問題になるのは、原因となるきっかけがあまりにも小さすぎることなのです。
- （クールダウンするにはどうしたらいい？）の項目では、問題解決の具体的なスキルを提示し、身につけさせます。
- 少しの葛藤や不安が大きな問題につながることがあること、意外にもそれらは上手に対応できることに気づかせるようにしましょう。
- 不信感をもった相手と適切なタイミングで話し合いをもたせましょう。その際、隠された意図や悪気のないことを気づかせます。

Step3 行動に働きかける

成功時のフィードバック

今日、　　　　　の時間に先生にほめてもらったね
どんなことでほめてもらった？

上手にミシンを使えていたところ。
家でのお手伝い。

今日、　　　　　さんにほめてもらったね
どんなことでほめてもらった？

△△さんが苦労していたミシンを手伝ってあげた。

あなたのよいところはどんなところ？

親切なところがある。
ミシンとか、料理とか、結構器用にできる。

自分のいいところを考えているときは、どんな気持ち？

落ち着く。
自分もまあまあかなっていう感じ。

会話例

先生：今日家庭科の時間に上手にミシンが使えていたね。田中先生がほめていたよ。

Cさん：うん、裁縫は得意！ ミシンやアイロンも上手に使えるよ！

そうだね。家でもたくさんお手伝いしているのがわかったよ。保護者面談ではお母さんもほめてくれていたね。そこがＣさんの素晴らしいところだよ

Ｃさんはいつも自信なさそうにしているけれど、これは自信をもってね

ありがとう

それと、今日の家庭科の時間で、△△さんに上手にミシンの使い方を教えてあげてたね。△△さんとはトラブルが多いけど、今日はとてもいい雰囲気だったね。△△さんもとっても感謝していたよ

うん、△△さんって、結構いいとこあるね

そうやって、△△さんのいいところ、そしてＣさんのいいところを毎日繰り返し確認できるといいね

シート記入のポイント

- 本人の得意な活動を最大限活用します。
- できるだけ苦手な相手や場面を避けるのではなく、タイミングを見計らって上手に問題解決できるスキルを磨きます（学校だからこそ可能です）。
- 不安や葛藤に苦しんでいるときこそ、先生とのコミュニケーションを密にしましょう（困ったときには相談できるように）。

学級経営 学級構造化ワークシートで学級の質を向上させる

不安が強く、常に被害的なＣさんに、先生は以下のような悩みをもっています。

・思い込みが激しく、他者の逸脱した行為が許せない

・なぜいつも被害的、他罰的なのか？

・Ｃさんにはどのような働きかけが有効なのか？

Ｃさんは自分の絶対的基準にそぐわない行動があると（特に相性の悪いクラスメイト）、それらを許すことができず、直接指摘できない場合には強い葛藤にさいなまれてしまいます。Ｃさんの絶対的基準は独特のものが多く、それらを全員が守ろうとすると窮屈で柔軟性が失われます。

よって、Ｃさんを含めた学級の子どもたちには最低限の守るべきルールを明示するべきです。そしてこれらのルールはクラスメイトの全員に適用されますが、必要最低限にするべきです。つまり、Ｃさんの基準にあわせるのではなく、Ｃさんにクラスのルールの透明度を理解してもらい、慣れてもらうのです。学級構造化ワークシートの【学級経営状況把握②】に当てはめると、⑥や⑨の構造化レベルが望ましいと思います。また、葛藤を抱えた状態を放置せず、**常に相手とのコミュニケーションをとるスキルを身につけさせましょう。**被害的な思い込みは拡大する傾向があります。訴えがあったときにはすぐに対応しましょう。**被害的訴えが妄想的であるときは、はっきりと否定することも重要です。**

学級経営状況把握②

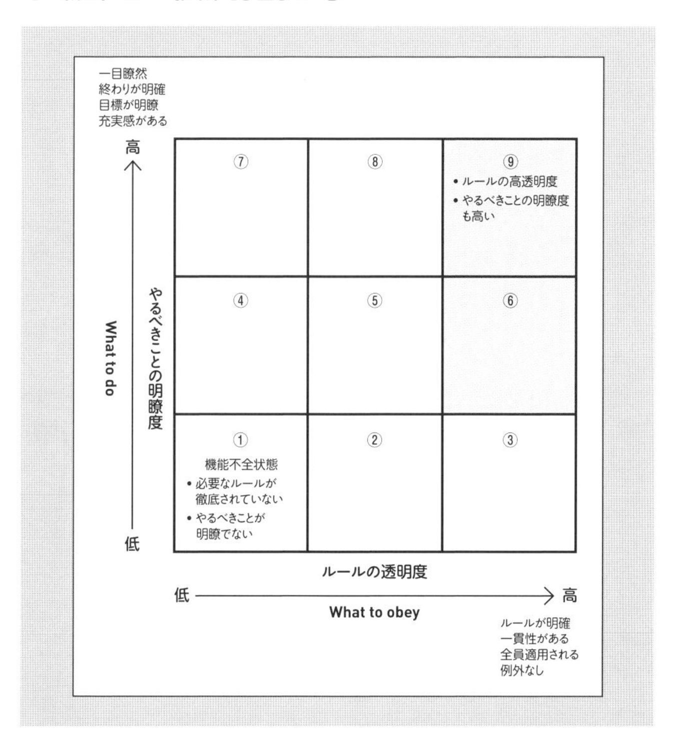

支援のまとめ

● Cさん特有の【マイナス化思考】や【感情的決めつけ】は、主に本人の対人関係に対する不安や自信のなさに由来することが多いのです。これまでの対人関係の失敗の蓄積により、「次もうまくいかなかったらどうしよう？」とか「相手は自分のことを悪く感じているに違いない」と根拠もなく考えてしまうのです。そうすると、不安や自信の不足は相手に対する憎しみや怒りに変換され、ときには強烈な憎悪感情にまで発展します。更に悪化すると、相手のちょっとした言葉、何気ない仕草まで自分への否定ととらえてしまうことさえあります。これらが【感情的決めつけ】という認知の歪みの生成メカニズムなのです。

● Cさんのように、思い込みが激しくちょっとした疑念が確信へと変容していくタイプでは、話し合いを重ねる度に事実でないことが事実化されていくことがあります。また、議論好きなことも特徴です。議論するほど怒りが増幅しないように、深入りするのは避けましょう。接する側がいつも和やかに、ユーモアを交えてコミュニケーションをとるように心がけてください。

● Cさんは対人関係の緊張や葛藤に弱いので、なんとか自分のいいところを探させるようにしましょう。対人関係上の成功例はたくさんあるはずなのに、うまくそれを認識していないことがあります。先生はその点を上手にとらえて、Cさんの成功を自分のよさとして理解させる必要があります。

●被害的・他罰的姿勢の背景にあるのは“不安”です。特定の人や場面に対する“不安”を理解し、それらにどう対応したらよいか、先生がモデルになって示します。

「自分は何もできない」とかんしゃく発作を繰り返すD君

〜医療機関や福祉、警察等の連携が必要なケース〜

D君の日頃の様子

中学3年生のD君は何事にも自信がなく、自発性や意欲が低下しています。常にイライラしてかんしゃくを起こすだけでなく、気分の落ち込みも持続してしまいます。そのような状態だと学習や友人関係がうまくいかないので、信頼できる友達がほとんどいません。

先生に八つ当たりをしては対立し、相性の悪い先生には敵対的な態度をとります。担任は丁寧に接してくれるので頼りにしているのですが、ちょっと気に入らないことがあると感情爆発してしまいます。特に叱られたり、強く指導されたりすると、その担任にも敵愾心を向け、「なんにもわかってくれない！」と更にかんしゃく行動に発展します。

授業にまったくついていけず、意欲が低下し、学業成績も芳しくありません。現在の実力試験の成績ではとても進学できる高校は見当たりません。そのことがもともと存在する不安を増大させ、さらにイライラしているようにみえます。

家族関係が複雑で親子の関係が不良、その葛藤がそのまま学校にも表れている状況です。小学生の頃から不登校気味でしたが、在宅中にも大暴れすることがあることから家に居づらくなり、なんとか登校できている状態です。進路相談をしようにも、家族が来校を渋っており、うまく進みません。

先生の困りごと

- あまりにもささいなことでパニックになって激しい暴言を吐くことがあり、一旦激しいかんしゃく行動に発展すると、15分以上続いて困っています。
- かんしゃく発作が治まったかと思うとひどく落ち込み、沈んだ状態が持続します。声かけをしても反応に乏しく、陰鬱な様子で対応に苦慮しています。
- 本人・家族ともに時間をかけて進路相談をしたいのですが、とてもそのような状態ではありません。
- 関係性の悪い先生とは険悪な状態が発展し、暴言が止みません。胸ぐらをつかみかかったこともあり、今後、制止できるか不安です。

Step1 認知の歪みを理解する

認知の歪み 総得点		特に得点の高かった認知の歪み		どんなタイプ？
38点（重度）	→	● 拡大解釈と過小評価 5点 ● レッテル貼り 5点 ● 個人化 5点	→	すべて自分が悪い、あるいは他者が悪いと決めつけてしまい、融通が利かない。 相性が悪い相手には徹底的に反抗、もしくは挑発する。

※認知の歪みで点数の高かった項目は、D君の日頃の様子における下線部分が反映されています。

認知の歪みが重度のD君

認知の歪みの総得点は極めて高く（38点）、感情爆発や行動の問題も重篤です。筆者は年間相当数の教育相談、発達相談を受けるなかで、D君のようなケースに出会うことがあります。ごく普通の公立小、中学校ではD君のようなケースにうまく対処することは極めて難しいと思います。しかし実際には、医療機関や福祉関係、警察などにまったく相談することなく、学校で丸抱えの状態にあることがほとんどです。家族の協力が得られない場合には、一部の先生に極度の負担が集中してしまっていることもあります。

このケースでは、学校でできることを明瞭化し、どのように関係機関に相談し支援を得るか、さらに諸機関との連携をどう図るかを中心に学んでいきます。

会話例

今日はZ先生に対して大声で怒鳴っていたね。何があったのかな？

技術の作業時間に、電動のこぎりがうるさいから教室から出ていったんです。そしたら、“教室に入れっ！”っていわれて

いつものように、混乱してイライラが募って、かんしゃくを起こしたんだね。そして、20分ぐらいして落ち着いてから、随分、反省してぐったり落ち込んでいたんだね

そうなんです。保健室で2時間ぐらい泣いていました

ついカッとなって怒鳴ってしまったことは理解できるけど、Z先生の胸ぐらをつかんだことは絶対にしてはいけない行動だね

はい、わかっていたんですが、つい、怒りが爆発して

怒りが爆発しそうなときには、保健室でクールダウンすることになっていたよね。今回は間に合わなかったんだね。しかし２回連続で成功していたから、次はイライラした段階で保健室、もしくは会議室（より狭く１人だけでクールダウンできる部屋）に移動するようにしよう！

わかりました。イライラしているだけで行っていいんですね

そうです。そして前回も確認したように、胸ぐらをつかんで暴言を吐いたことについては、お家の方と相談し、警察に相談しますね。君はもう 15 歳です。自分の行動の責任をとるべき年齢になっています。この件についてはもう少し落ち着いたときにしっかり時間をとって話し合いましょう

わかりました

支援の入り口

- 常にイライラや怒りっぽい気分が持続している状態では、会話をしても上手に発展させることができません。かんしゃく発作を起こしたとしても、けろっとして意外なほど気分がよいときがあります。タイミングを見計らって支援しましょう。
- case2 でも述べたように、激しいパニック行動が頻発する場合、クールダウンできる場所が必要です。この場合、クールダウンが懲罰的な意味をもたないことを本人や家族、クラスメイトにも周知徹底する必要があります。
- 中学生になると、人格を否定するような暴言や身体的暴力は刑事的な責任を伴うことがあることを、なるべく具体例を用いて、日頃から理解させる必要があります。
- Ｄ君も自分のかんしゃくや抑えようのない怒りに苦しんでいます。その点については共感的な姿勢が重要ですが、逸脱した行為そのものを容認してはいけません。この担任のようなキーパーソンが重要な役割を担います。

Step2 感情に働きかける

“感情→行動”のパターンを知る

パニック行動になってしまう、よくあるきっかけ

Z先生に叱られる。
自分のことで注意される。
いつもイライラしているから、なんとなく…。

複雑な感情

とにかく怒り。つらい、悔しい思いが爆発。
イライラ、イライラ、イライラ
またうまくいかない!!!（絶望）

身体症状

体が震える。
思いっきり何かを殴りたくなる。
物を壊したくなる。

大パニック！

Z先生に暴言を吐く、胸ぐらをつかむ。
椅子を壁に放り投げる。
筆箱を壊したり、教科書を破り捨てる。

つらかったよね

クールダウンしてもぐったりして落ち込む。
落ち込んだら何も考えたくない、何もしたくない。
反省しているけど、どうしたらいいかわからない。

会話例

さあ、このシートをみてごらん。パニック行動に発展してしまうパターンを分析しようね。パニック行動になってしまう、よくあるきっかけはある？

Z 先生に叱られることです。自分のことを注意されると、我慢できないくらい怒りが込み上げてきます。特にイライラしているときには、目があっただけでパニックになりそうです

よく自分のことを理解できているね。そのときの気持ちとか、感情は？

怒りと悔しさで体が震えてきます。爆発したあとのことはあまり覚えていません。暴言を吐いているときの記憶もあまりありません。とにかく周囲の物に八つ当たりをしてぶっ壊したくなります

そうか、Z 先生への暴言とか、暴力も覚えていないの？

いわれると確かに覚えています。でもパニックになったときには抑えることができません

確かにいっていることはわかるよ。D 君はクールダウンしてもぐったりして落ち込んでいるし、“落ち込んだら何も考えたくない、何もしたくない”っていっていたね。反省している証拠だと思う。しかし、“反省しているけど、どうしたらいいかわからない”っていうのも、正直な気持ちなんだね

はい、“また迷惑かけた”と落ち込んだり、“やっぱりZ 先生は悪いやつだ”って、また怒りがわいてきたりします

うん、自分の感情が整理できたね。そしてまずはパニックにならないことが一番重要だね

シート記入のポイント

- 「認知の歪み」→「複雑な感情（感情の爆発）」→「パニック行動」というパターンを本人に理解させます。
- 特に複雑な感情を共有することに重点をおきましょう。つらい気持ちを言語化（見える化）すると、少し気分が楽になります。
- 「パニック行動になってしまう、よくあるきっかけ」を認識してもらうことで、パニック行動を未然に防ぐことができます（先手を打つ）
- 反省の感情や後悔については共感的に理解することが重要ですが、パニック行動そのものを認めるような発言は禁忌です。

Step3 行動に働きかける

誰（何）のせいか？

今日はどんな問題が起こった？

Z先生に叱られて、暴言を吐いた。

何が原因だった？ 誰が悪かった？

Z先生が悪い。いつも僕に対して厳しいから。Z先生の顔を見るだけでイライラが爆発する。だからZ先生が悪い。Z先生がいなければいいのに。

本当かな？ 先生と一緒に検証していこう！

あなたが嫌いだと思っている人が、あなたを嫌っているわけじゃない！
むしろ本当にあなたのことを考えてくれてるよ！

同じことが起こったら、次、どうする？

イライラしているときにはZ先生に会わない（クールダウンの部屋に行く）。
暴言を吐きそうになったら、無理して学習に参加しない
反省したときは、できるだけその人に素直に謝る（担任の先生と一緒に）。

会話例

D君は"Z先生に叱られて暴言を吐いた"って書いているね。これを検証していこう

今日もZ先生が悪いよ。いつも僕をイライラさせようとする。シートに書いているように、全部Z先生が悪いんだ。Z先生がいなきゃいいのに

先生

Ｚ先生はいつも君のことを考えてくださっているよ。Ｄ君が技術の時間が嫌いだから、取り組みやすいように工夫してくれているんだ。今日もＤ君専用ののこぎりをつくってくれて、それを使って工作をしてくれたらいいなあって、先生に相談してくれたんだよ

Ｄ君

へえー、そうだったんだ。知らなかった

Ｚ先生は“教室に入れ！”じゃなくて、“教室に入って、Ｄ君専用ののこぎりを使ってみないか？”といおうとしていたんだ

イライラしていたから、そんなこと、全然わからなかった

あなたが嫌いだと思っている人が、あなたを嫌っている！　そう思っていることで、どんどん感情爆発がひどくなっていくことを知っておこうね

うん、わかった

シート記入のポイント

- シートを使用すると視覚的に理解させることができます。常に視覚的に情報を精査しながら、自分の行動を振り返り、次にどのような行動をとればよいかを教示します。
- 「どうしたらよいか、考えてみよう」という曖昧な姿勢はかえって混乱を招きます。具体的、かつ明瞭にとるべき行動を示すようにしましょう。
- 誤った原因帰属（本当は誰の責任か）を放置すると、行動上の問題が悪化します。タイミングを見計らい、本当の原因はどこにあるのかを冷静に検証する場面を設定しましょう。
- シートにあるように（イライラしているときにはＺ先生に会わない）、具体的な指示や行動支援がカギとなります。
- 同僚の先生のことをこのように話すのは失礼ですし、指導にも気が引けてしまうのはよくわかります。しかし、同僚の先生（この場合はＺ先生）とよく話し合い、最善の環境設定を目指しましょう。同僚間の信頼関係が問われる場面です。

支援のまとめ

●精神医学的なアセスメント

D君のように、顕著な行動の問題が認められる場合には、「発達障害」や「愛着障害」と診断されることがあります（先生方が勝手にそう判断している例も含みます）。確かに、「発達障害」と「愛着障害」は合併する場合もありますが、まず、異常な行動があったからといって、すぐに「発達障害」を疑うべきではありません。そして、D君のように家庭環境が複雑だからといって、「愛着の問題」としてすべてを家庭の責任に押しつけるべきでもありません。

コラム「反抗挑発症／反抗挑戦性障害」（26ページ参照）にあげたような障害は、教育や医療の現場ではそれほど広く認知されていませんが、子どもの発達や特性を理解するうえで極めて重要であると思います。

私たちが目にする、とても対応困難な事例とは、以下の特徴が重なっています。

・認知の歪みが存在している
・何らかの発達の問題を抱えている
・愛着の困難性がある
・イライラ感から感情爆発を引き起こしている
・パニック行動を頻発させる

このようなケースでは医療や福祉、教育や司法との連携が極めて重要です。どのような連携が可能か、以下に説明します。

●医療との連携

D君の場合、イライラ感から感情爆発を起こしていることに、本人も苦しんでいます。教育だけでは明らかに限界があることから、何らかの医療機関との連携が不可欠です。児童精神科や児童思春期外来、小児神経科などを標榜している医療機関への受診も視野に入れましょう。

本来ならご家庭に説明し、入り口として教育委員会の特別支援教育課に相談するのが望ましいと思います。D君の場合、ご家庭の協力が難しいので、教育委員会（特別支援教育課、生徒指導課、教育相談センターでも可）と連携して医療機関へ紹介してもらい、D君と担任が一緒に（可能ならば保護者も）受診するのが望ましいでしょう。

教育にも限界がありますが、医療が万能なわけではありません。あくまでも連携する姿勢が重要で、丸投げするようなことがあってはいけません。投薬治療になった場合、服薬管理（きちんと服用しているか、効果や副作用の見極め）が最も重要です。本人や家族だけに任せるのではなく、学校でのキーパーソン（この場合は担任）がカギを握ります。

●福祉、行政との連携

明らかな虐待が認められない場合でも、困難なケースでは児童相談所に相談しておくことが必要です。D君の場合、家庭でも暴言・暴力が存在しています。この場合、イライラ感から感情爆発し、被害が家族にも及んでいる可能性があります。事態が悪化してからでは収束が困難なので、早期に児童福祉の専門家の介入が必要なケースだと考えられます。

経済的な問題が背景に存在している場合、行政の支援も欠かせません。市役所や区役所の生活支援課（くらしの窓口等、自治体によって名称は異なります）に相談したうえで、ソーシャル・ワーカーが家庭訪問することもあります。D君の場合は高校進学を控えています。経済的な問題で高校進学が困難な場合は、行政との連携が欠かせません。

●司法機関との連携

さまざまな教育相談を受けるなかで驚くのは、学校は警察に相談したり連携したりすることが上手でないということです。実際に子どもから先生が暴力を受けており、負傷していたケースでも、警察に相談していなかったということも珍しくありません。

警察は市民の味方であり、治安や公共の秩序を守る専門集団です。年齢にもよりますが、対子ども同士であっても、対教師であっても、反抗や挑発行動が悪化し、過度な暴言や暴行になると、司法領域の問題となります。

実際には、少年鑑別所ではそのような相談を受け付けていますし、家庭裁判所も相談サポートの窓口をもっています。あまり認知されていませんが、周りにはそのような相談機関が豊富に存在しているにもかかわらず、活用されていないのが現状です。困ったら学校で丸抱えせず、まずは複数の機関に相談してみてください。ただし、相談に乗ってもらえたからといって丸投げしてはいけません。

●進学先との連携

D君はまだ進学先が決定していません。本人とご家族、学校側で協議の場を設定し、早期に進学先を確保すべきです（それができないから困っているのですが）。D君のようなケースでは、入学時から進路相談をこまめにしておくことが重要です。「3年生の秋ぐらいから進路を考えましょう」、というのは極めて危険です。なぜなら低学力の場合、特別支援学校の高等部を希望される方もいらっしゃいますが、療育手帳が交付されていない生徒は、入学できる可能性は低いのです。

進学先が決まったら、そことの連携も欠かせません。なぜなら、入学後も困難性が持続することが通例で、大きな問題が発生したとき、退学を余儀なくされることもあります。

自主退学も多く、悩ましいところです。イライラ感から感情爆発してしまう生徒が忍耐強く登校を続けることは難しく、進学先の理解とさまざまな支援が必要になってきます。そうした意味でも、進学先を早期に確定し、ソフトランディングのために入学前から体験授業を積み重ね、進学先の先生方との理解を深めていく作業が必要です。だからこそ、時間をかけていくのです。

上記に述べた連携先は、ほんの一部です。この他にも祖父母や親戚、NPOや市民団体、民間および公的な福祉施設など、活用できる資源を時間をかけてみつけましょう。

出所：日本精神神経学会（日本語版用語監修）、高橋三郎・大野 裕（監訳）『DSM-5 精神疾患の診断・統計マニュアル』医学書院. P.454, PP.457-458, PP.461-462,2014.

反抗挑発症／反抗挑戦性障害

Oppositional Defiant Disorder

診断基準

A. 怒りっぽく／易怒的な気分，口論好き／挑発的な行動，または執念深さなどの情緒・行動上の様式が少なくとも6カ月間は持続し，以下のカテゴリーのいずれか少なくとも4症状以上が，同胞以外の少なくとも1人以上の人物とのやりとりにおいて示される．

怒りっぽく／易怒的な気分

(1) しばしばかんしゃくを起こす．

(2) しばしば神経過敏またはいらいらさせられやすい．

(3) しばしば怒り、腹を立てる．

口論好き／挑発的行動

(4) しばしば権威ある人物や，または子どもや青年の場合では大人と，口論する．

(5) しばしば権威ある人の要求，または規則に従うことに積極的に反抗または拒否する．

(6) しばしば故意に人をいらだたせる．

(7) しばしば自分の失敗，または不作法を他人のせいにする．

執念深さ

(8) 過去6カ月間に少なくとも2回，意地悪で執念深かったことがある．

注：正常範囲の行動を症状とみなされる行動と区別するためには，これらの行動の持続性と頻度が用いられるべきである．5歳未満の子どもについては，他に特に記載がない場合は，ほとんど毎日，少なくとも6カ月間にわたって起こっている必要がある（基準A8）．5歳以上の子どもでは，他に特に記載がない場合，その行動は1週間に1回，少なくとも6カ月間にわたって起こっていなければならない（基準A8）．このような頻度の基準は，症状を定義する最小限の頻度を示す指針となるが，一方，その他の要因，例えばその人の発達水準，性別，文化の基準に照らして，行動が，その頻度と強度で範囲を超えているかどうかについても考慮するべきである．

B. その行動上の障害は，その人の身近な環境（例：家族，同世代集団，仕事仲間）で本人や他者の苦痛と関連しているか，または社会的，学業的，職業的，または他の重要な領域における機能に否定的な影響を与えている．

C. その行動上の障害は，精神病性障害，物質使用障害，抑うつ障害，または双極性障害の経過中にのみ起こるものではない．同様に重篤気分調節症の基準は満たさない．

▶現在の重症度を特定せよ

軽度：症状は1つの状況に限局している（例：家庭，学校，仕事，友人関係）．

中等度：いくつかの症状が少なくとも2つの状況でみられる．

重度：いくつかの症状が3つ以上の状況でみられる．

間欠爆発症／間欠性爆発性障害

Intermittent Explosive Disorder

診断基準

A. 以下のいずれかに現れる攻撃的衝動の制御不能に示される，反復性の行動爆発

(1) 言語面での攻撃性（例：かんしゃく発作，激しい非難，言葉での口論や喧嘩），または所有物，動物，他者に対する身体的攻撃性が3カ月間で平均して週2回起こる．身体的攻撃性は所有物の損傷または破壊にはつながらず，動物または他者を負傷させることはない．

(2) 所有物の損傷または破壊，および／または動物または他者を負傷させることに関連した身体的攻撃と関連する行動の爆発が12カ月間で3回起きている．

B. 反復する爆発中に表出される攻撃性の強さは，挑発の原因またはきっかけとなった心理社会的ストレス因とはひどく釣り合わない．

C. その反復する攻撃性の爆発は，前もって計画されたものではなく（すなわち，それらは衝動的で，および／または怒りに基づく），なんらかの現実目的（例：金銭，権力，威嚇）を手に入れるため行われたものではない．

D. その反復する攻撃性の爆発は，その人に明らかな苦痛を生じるか，職業または対人関係機能の障害を生じ，または経済的または司法的な結果と関連する．

E. 暦年齢は少なくとも6歳である（またはそれに相当する発達水準）．

F. その反復する攻撃性の爆発は，他の精神疾患（例:うつ病，双極性障害，重篤気分調節症，精神病性障害，反社会性パーソナリティ障害，境界性パーソナリティ障害）でうまく説明されず，他の医学的疾患（例：頭部外傷，アルツハイマー病）によるものではなく，または物質の生理学的効果（例：乱用薬物、医薬品）によるものでもない．6～18歳の子どもでは，適応障害の一部である攻撃的行動には，この診断を考慮するべきでない．

注：この診断は，反復する衝動的・攻撃的爆発が，以下の障害において通常みられる程度を超えており，臨床的関与が必要である場合は，注意欠如・多動症，素行症，反抗挑発症，自閉スペクトラム症に追加することができる．

素行症／素行障害

Conduct Disorder

診断基準

A. 他者の基本的人権または年齢相応の主要な社会的規範または規則を侵害することが反復し持続する行動様式で，以下の 15 の基準のうち，どの基準群からでも少なくとも 3 つが過去 12 カ月の間に存在し，基準の少なくとも 1 つは過去 6 カ月の間に存在したことによって明らかとなる：

人および動物に対する攻撃性

(1) しばしば他人をいじめ，脅迫し，または威嚇する．

(2) しばしば取っ組み合いの喧嘩を始める．

(3) 他人に重大な身体的危害を与えるような凶器を使用したことがある（例：バット，煉瓦，割れた瓶，ナイフ，銃）．

(4) 人に対して身体的に残酷であった．

(5) 動物に対して身体的に残酷であった．

(6) 被害者の面前での盗みをしたことがある（例：人に襲いかかる強盗，ひったくり，強奪，凶器を使っての強盗）．

(7) 性行為を強いたことがある．

所有物の破壊

(8) 重大な損害を与えるために故意に放火したことがある．

(9) 故意に他人の所有物を破壊したことがある（放火以外で）．

虚偽性や窃盗

(10) 他人の住居，建造物，または車に侵入したことがある．

(11) 物または好意を得たり，または義務を逃れるためしばしば嘘をつく（例：他人をだます）．

(12) 被害者の面前ではなく，多少価値のある物品を盗んだことがある（例：万引き，ただし破壊や侵入のないもの，文書偽造）．

重大な規則違反

(13) 親の禁止にもかかわらず，しばしば夜間に外出する行為が 13 歳未満から始まる．

(14) 親または親代わりの人の家に住んでいる間に，一晩中，家を空けたことが少なくとも 2 回，または長期にわたって家に帰らないことが 1 回あった．

(15) しばしば学校を怠ける行為が 13 歳未満から始まる．

B. その行為の障害は，臨床的に意味のある社会的，学業的，または職業的機能の障害を引き起こしている．

C. その人が 18 歳以上の場合，反社会性パーソナリティ障害の基準を満たさない．

▶いずれかを特定せよ

312.81（F91.1）小児期発症型：10 歳になるまでに素行症に特徴的な基準の少なくとも 1 つの症状が発症．

312.82（F91.2）青年期発症型：10 歳になるまでに素行症に特徴的な症状はまったく認められない．

312.89（F91.9）特定不能の発症年齢：素行症の基準は満たしているが，最初の症状の出現時期が 10 歳より前か後か判断するのに十分な情報がない．

▶該当すれば特定せよ

向社会的な情動が限られている：この特定用語に適合するには，その人は過去12 カ月にわたって持続的に下記の特徴の 2 つ以上をさまざまな対人関係や状況で示したことがなければならない．これらの特徴は，この期間を通じてその人の典型的な対人関係と情動的機能の様式を反映しており，いくつかの状況でたまたま起こるだけのものではない．このため，この特定用語の基準を評価するためには，複数の情報源が必要になる．本人の自己報告に加え，長い期間にわたって本人をよく知っていた人物の報告を考慮する必要がある（例：親，教師，仕事仲間，拡大家族，同世代の友人）．

後悔または罪責感の欠如：何か間違ったことをしたときに悪かったまたは罪責感を感じない（逮捕されたり，および／または刑罰に直面した場合だけ後悔することを除く）．自分の行為の否定的な結果に関する心配を全般的に欠いている．例えば誰かを傷つけた後で後悔しないし，規則を破った結果を気にしない．

冷淡──共感の欠如：他者の感情を無視し配慮することがない．その人は冷淡で無関心な人とされる．自分の行為が他者に相当な害を与えるようなときでも，その人は他者に対してよりも自分自身に与える効果をより心配しているようである．

自分の振る舞いを気にしない：学校，仕事，その他の重要な活動でまずい，問題のある振る舞いを心配しない．期待されていることが明らかなときでもうまくやるのに必要な努力をすることがなく，典型的には自分のまずい振る舞いについて他者を非難する．

感情の浅薄さまたは欠如：浅薄で不誠実で表面的な方法（例：示される情動とは相反する行為，情動をすばやく“入れたり”“切ったり”切り替えることができる）以外では，他者に気持ちを表現したり情動を示さないか，情動の表現は利益のために用いられる（例：他者を操ったり威嚇するために情動が表現される）．

▶現在の重症度を特定せよ

軽度：診断を下すのに必要な素行上の問題はあっても，わずかに超える数であり，素行上の問題は他者に比較的小さな害を及ぼしている（例：嘘をつくこと，怠学，許可なく夜遅くまで外出する，その他の規則違反）．

中等度：素行上の問題の数とその他者への影響は，軽度と重度で特定されるものの中間である（例：被害者の面前ではない盗み，器物破損など）．

重度：診断を下すに必要な数を大きく超える素行上の問題が多くあり，または素行上の問題が他者にかなりの被害を引き起こす（例：強制的な性行為，身体的に残酷な行為，凶器の使用，被害者の面前での盗み，器物破損および家宅侵入）．

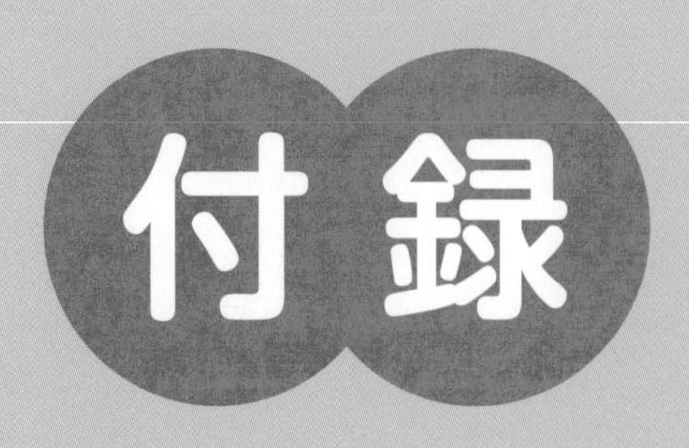

コピーして使える
ワークシート

第 4 章での活用例を参照して、子どもとともに使用してください。

1. 全か無かの思考

☐ 白か黒か、0 か 1 かという極端な考え方をする

☐「グレーゾーンなんてあり得ない」という

☐ 100点でなければ意味がない

☐ 少しでも失敗すると「もう二度とやらない」という

☐ 少しの失敗でも「完全な失敗」と主張する

年　月　日　年　組　　☐ / 5点

2. 一般化のしすぎ

☐ 1 回失敗したら、次も失敗すると言い張る

☐ 1 回叱られたことを何度もあったかのようにいう

☐ いじめられたなどのつらい体験を過度に一般化する

☐ 相性の悪い友達を執拗に責める

☐「うまくいくはずがない」と繰り返し発言する

年　月　日　年　組　　☐ / 5点

3. 結論の飛躍

- □ 根拠はないが、否定的な将来を予測する
- □ うまくいくこともあるが、そのことを無視、軽視する傾向がある
- □「自分は失敗するに違いない」と主張する
- □ 大抵、悲観的な未来を予測している
- □ 相手に対して否定的に、決めつけるような言い方をする

年　月　日　年　組　　　□ / 5点

『教室でできる気になる子への認知行動療法 実践ワーク編』中央法規出版

4. 心のフィルター

- □ 本質ではないと思われることでも、否定的な面にこだわりすぎる
- □ 少しでもネガティブなことがあると、やろうとしない
- □ 自分や相手のネガティブなところばかり目につく
- □ くよくよしてしまって、次の行動に移れない
- □ 自分のよいところ（長所）に気づかない、認めようとしない

年　月　日　年　組　　　□ / 5点

『教室でできる気になる子への認知行動療法 実践ワーク編』中央法規出版

5. マイナス化思考

- □ よいことがあったとしても、悪い出来事にすりかえてしまう
- □ よいことがあったとしても、それを否定する
- □ 楽しそうな表情をしていても「楽しくなかった」と主張する
- □ プラス面のことはすぐに忘れてしまう
- □ 過去にあったポジティブなことも、なかったかのような発言をする

年　月　日　年　組　　□ / 5点

『教室でできる気になる子への認知行動療法 実践ワーク編』中央法規出版

6. 拡大解釈と過小評価

- □ 自分の失敗を過大に評価する
- □ たいした失敗でもないのに「すごく失敗した」と言い張る
- □ 相手の失敗を過小に評価する
- □ 他人の成功を過大に評価する
- □ 自分は人と比べて何もできないという思い込みが強い

年　月　日　年　組　　□ / 5点

『教室でできる気になる子への認知行動療法 実践ワーク編』中央法規出版

7. 感情的決めつけ

- □「こう感じるのだから、それは本当のことだ」というように、自分の感情を根拠にして、人を批判する
- □ 根拠もなく、特定の人を悪者にする
- □ 感情的な一般化（あいつは悪いやつだ）が優先しがちである
- □ 一旦、「これは嫌だ」という感情をもつと、それが揺らぐことはない
- □「○○が嫌いだからしたくない」と発言することが多々ある

年　月　日　年　組　　　　□ / 5点

8. すべき思考

- □ 強迫的なほど「○○をしなければならない」と強く思いすぎる
- □「○○すべき」とか「○○すべきでない」と言い出すと、他のことが目に入らなくなる
- □ 自分の絶対的基準が強すぎて、他者と折り合うことが苦手である
- □ 自分の絶対的基準にそぐわない状況では、強烈なストレスを感じている
- □「自分が考えた通りに世界があってほしい」という自己中心性が顕著である

年　月　日　年　組　　　　□ / 5点

9. レッテル貼り

☐ 自分のことを「役立たず」とか「ゴミ」というように表現する

☐「どうせ自分は・・・」とか「最低の人間だ・・・」というように、
自尊心の低さを示す発言をよくする

☐ 自分は無力で、かつ誰も助けてくれないという
現実的でない考えに固執している

☐ 極端な偏見に基づいて、自分を貶めたり、卑下したりしている

☐ 周囲が考えているよりも、はるかに自己評価が低い

年　月　日　年　組　　☐ / 5点

10. 個人化

☐「自分がばかだから失敗した」とか
「自分が下手だからチームが負けた」という発言をよくする

☐ 理由もないのに自分や他人のせいにする

☐ 自分にまったく関係がないことでも自分を責める、
逆に他人を責めたりする

☐ 強すぎる責任感があることで、うまくいかないことが多い

☐ ネガティブなことがあると、特定の原因に決めつけようとする

年　月　日　年　組　　☐ / 5点

あなたにとってのパニック行動って何？

例えば‥

机を思いっきり叩いてしまった / 大声で泣いてしまった / 友達に手や足が出てしまった など

あなたの複雑な感情を分析

そのときってどんな感情？

例えば‥

怒り / 苦しみ / 不安 / 悲しみ / 絶望 / 恨み / うんざり / もうだめ！/ 死にたい など

- ( )%
- ( )%
- ( )%
- ( )%
- ( )%

年 月 日 年 組

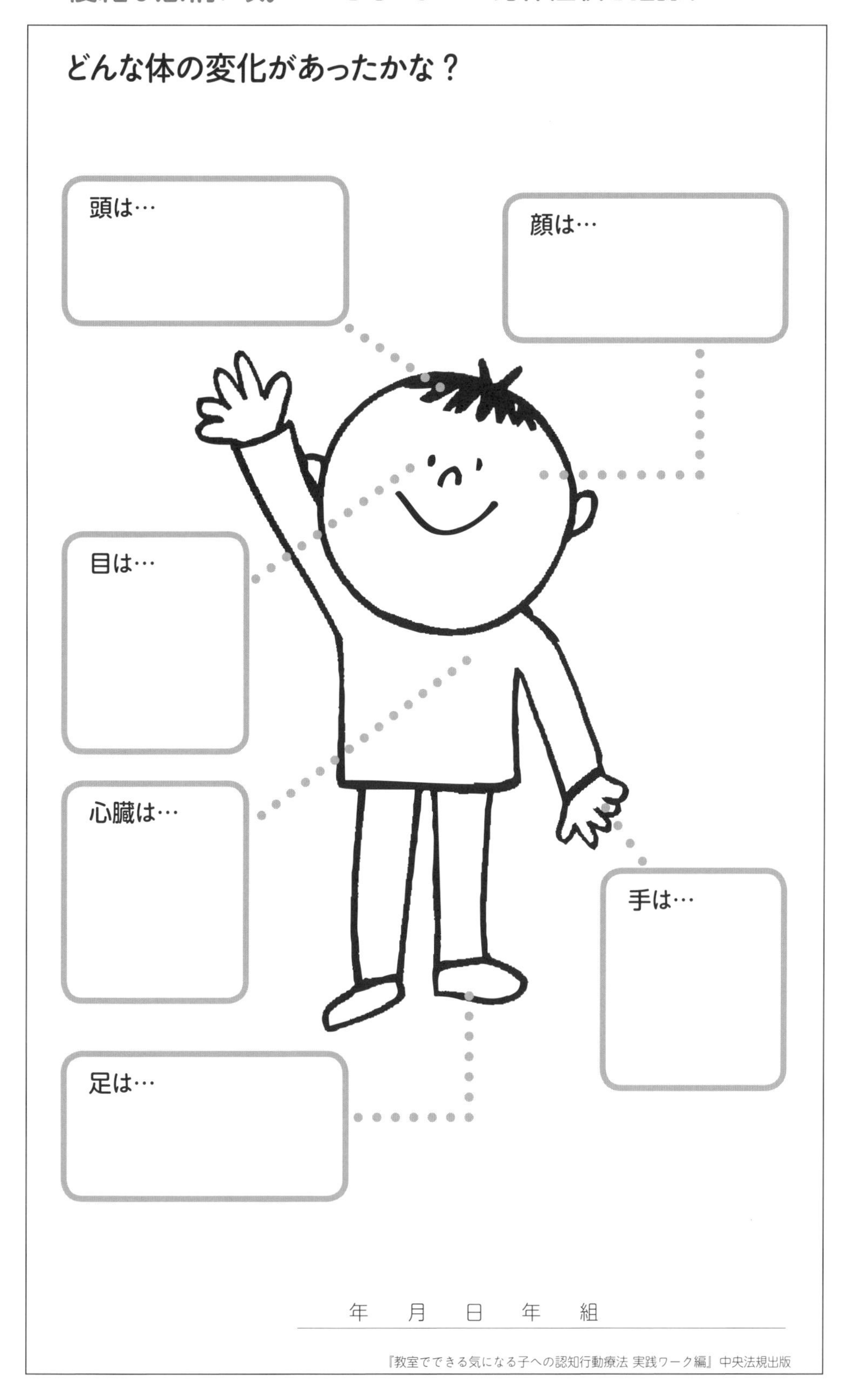
どんな体の変化があったかな？
頭は…
顔は…
目は…
心臓は…
手は…
足は…
年 月 日 年 組
『教室でできる気になる子への認知行動療法 実践ワーク編』中央法規出版

感情にラベリングする

あなたの複雑な感情がわき上がってきたとき、パニック行動が出てきてしまいます。あなたが悪いわけではなく、複雑な感情が原因なのです。敵をやっつけるために名前をつけましょう。複雑な感情がわき上がってきたときの身体症状を、先生と一緒にラベリングしてみましょう。

例えば・・

身体症状 ラベリング

- 体が固まってしまう場合 ――→ 銅像
- 頭が真っ白になる ――→ 頭が雪男
- 心臓が止まりそうになる ――→ もう死にそう
- 血が逆流してザワザワする ――→ ザワザワ虫
- 息ができなくなるくらい苦しい ――→ ほぼ窒息

身体症状	ラベリング

年　月　日　年　組

子どもの思考を裏づける証拠についての質問

自分にとって、とても嫌なこと（思い込みかもしれないよ！）

それって、本当?? 嫌じゃないところをみつけよう！

自分にとって、嫌いな人（思い込みかもしれないよ!!）

それって、本当?? その人のよいところをみつけよう！

年　　月　　日　　年　　組

“感情→行動”のパターンを知る

パニック行動になってしまう、よくあるきっかけ

複雑な感情

身体症状

大パニック！

つらかったよね

年　月　日　年　組

感情が爆発してしまった！！
あなたの怒り度を評価してみよう。◯をつけてください

← 全然怒ってない　　　　めちゃくちゃ怒っている →

1　2　3　4　5　6　7　8　9　10

先生があなたの怒り度を評価すると…

← 全然怒ってない　　　　めちゃくちゃ怒っている →

1　2　3　4　5　6　7　8　9　10

クールダウンするにはどうしたらよい？

年　月　日　年　組

聴くスキルを磨く

友達とトラブルがあったとき「聴く」ことができたかな？

初級

- □ しっかりと目をみることができた
- □ 相手が話し出すまで待てた
- □ 目と耳と心と体全体で聴こうとした
- □ 相手とちゃんと距離を保つことができた
- □ 相手が話し終えるまで、こちらからしゃべらなかった
- □ 話の途中で手遊びなど一切しなかった
- □ 相手が何を言いたいか、注意して聞けた
- □ 10 秒に 1 回はうなずくことができた
- □ 相手の言っていることを繰り返して確認できた
- □「なるほど」とか「そうなんだ」という合いの手を入れられた
- □ 相手の表情を読み取れた
- □ 相手の言っていることを、まずは全部受け入れた

□ / 12 点

中級

- □ 言い訳をしようとしなかった
- □ 意見が違っても、相手の話を全部聴こうとした
- □ 相手が怒っていても、私は怒らなかった
- □ わからないところは、相手に質問することができた
- □ 自分にどうして欲しいか、質問することができた
- □ 自分のいけなかったところを納得して謝ることができた
- □ 相手が謝ってくれたときは、心から「いいよ」と言えた
- □ よい表情をつくることができた
- □ 次はどうしたら仲良くなれるか、提案することができた
- □ 自分から握手することができた

□ / 10 点

年　月　日　年　組

『教室でできる気になる子への認知行動療法 実践ワーク編』中央法規出版

誰（何）のせいか？

今日はどんな問題が起こった？

何が原因だった？ 誰が悪かった？

本当かな？ 先生と一緒に検証していこう！

同じことが起こったら、次、どうする？

年　月　日　年　組

選択の余地を検討する

状況・出来事

そのときの複雑な感情

そのときの身体症状

その後の行動上の問題

どうやって先手を打つ？

年　月　日　年　組

『教室でできる気になる子への認知行動療法 実践ワーク編』中央法規出版

ポジティブ・トーク

今日は誰と遊んだ？ どんな話をしたの？

先生にどんなことをほめられたの？

今日、誰にあいさつしたの？

あなたのよいところを　　　　さんに３つ書いてもらおう

年　月　日　年　組

『教室でできる気になる子への認知行動療法 実践ワーク編』中央法規出版

ほかの子どもの協力を引き出す

今日１日、誰にどんなことで助けてもらった？

そのとき、どんな気持ちだった？

年　月　日　年　組

役割をもつ

自分が得意なこと

クラスのなかで自分が役に立てることは何？

自分が苦手なこと

誰に助けてもらったらよい？

年　月　日　年　組

『教室でできる気になる子への認知行動療法 実践ワーク編』中央法規出版

成功時のフィードバック

今日、　　　　　の時間に先生にほめてもらったね
どんなことでほめてもらった？

今日、　　　　　さんにほめてもらったね
どんなことでほめてもらった？

あなたのよいところはどんなところ？

自分のよいところを考えているときは、どんな気持ち？

年　　月　　日　　年　　組

暴露療法

あなたの苦手なものは何？

どうやったら慣れるだろう

先生に何ができる？

友達には何をしてもらいたい？

年　月　日　年　組

学級経営状況把握①

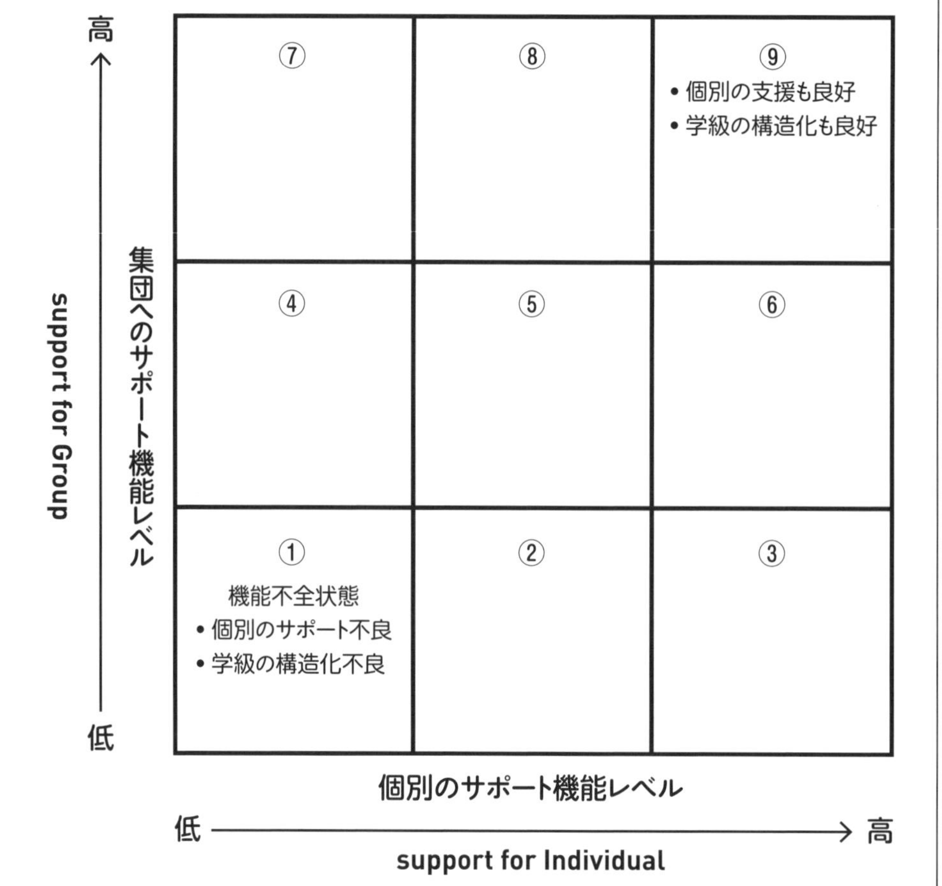

	低 → 個別のサポート機能レベル support for Individual → 高		
高	⑦	⑧	⑨ ・個別の支援も良好 ・学級の構造化も良好
集団へのサポート機能レベル support for Group	④	⑤	⑥
低	① 機能不全状態 ・個別のサポート不良 ・学級の構造化不良	②	③

『教室でできる気になる子への認知行動療法 実践ワーク編』中央法規出版

学級経営状況把握②

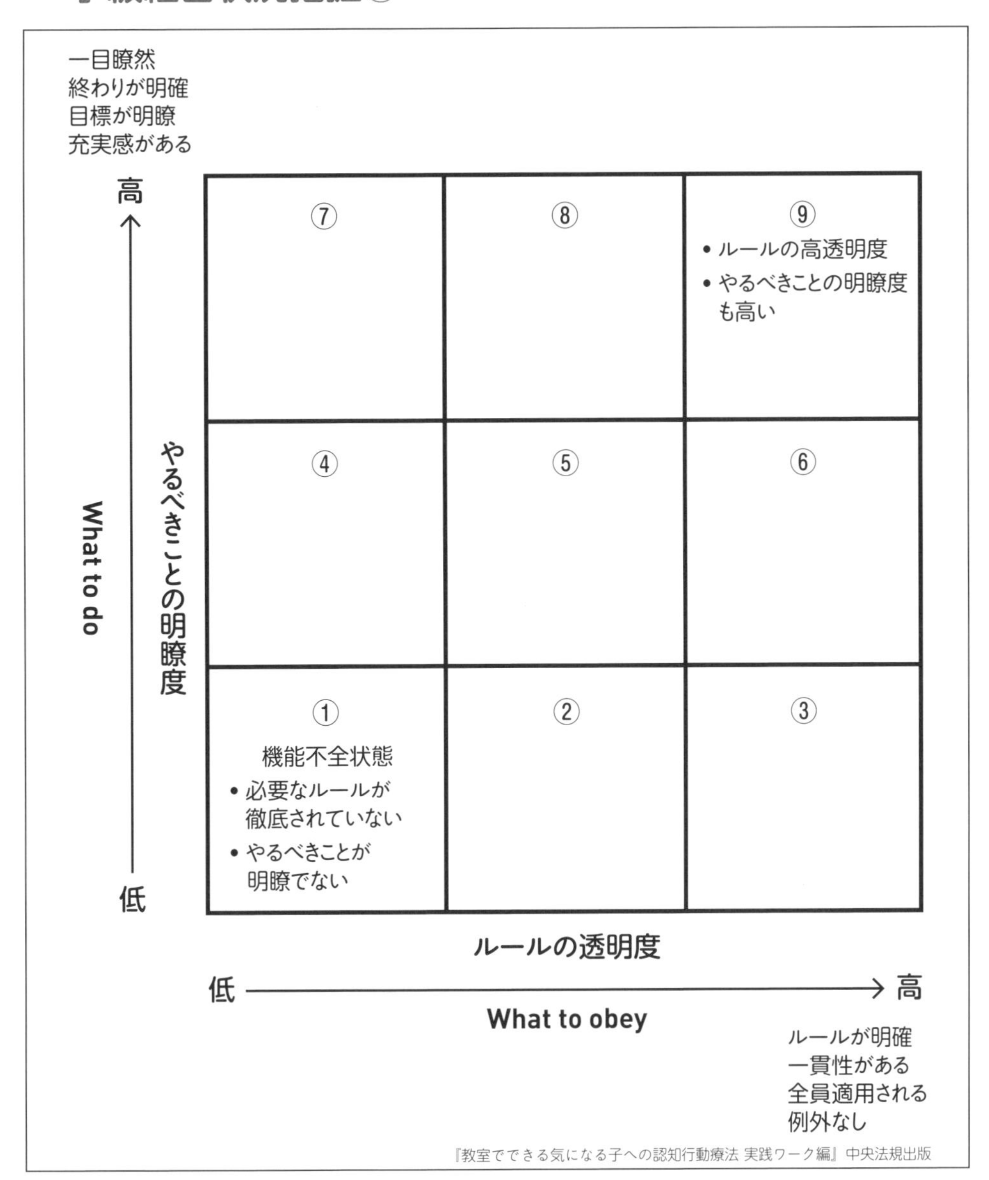
一目瞭然
終わりが明確
目標が明瞭
充実感がある
高
低
やるべきことの明瞭度
What to do
⑦
⑧
⑨
• ルールの高透明度
• やるべきことの明瞭度も高い
④
⑤
⑥
①
機能不全状態
• 必要なルールが徹底されていない
• やるべきことが明瞭でない
②
③
ルールの透明度
低
高
What to obey
ルールが明確
一貫性がある
全員適用される
例外なし
『教室でできる気になる子への認知行動療法 実践ワーク編』中央法規出版

おわりに

子どもたちが帰り、教員からの報告や相談を一通り終え、ひっそりと静まり返った校長室でこの原稿を書いています。2020年4月に三重大学教育学部附属小学校の校長を拝命し、それはそれはバタバタの4か月でした。

大学の教授職との併任ということもあり、あまりの忙しさに閉口する間もないといった状況でした。以前から複数の研究テーマで実験や分析、論文執筆を掛け持ちで全国を駆け回っていましたが、それもすべて吹っ飛んでしまいました。本書に関しても校長就任時点では、予定通りの出版は到底無理だろうと考えていました。しかしこの経験こそが本書完成の重要なカギとなったのです。

①学校現場の問題を通して俯瞰できたこと

学校では毎日たくさんの問題が発生します。ときには信じがたいようなことや、常識ではあり得ないようなことも学校では起こり得ます。理論通りにいかないことばかりのなか、本書の認知行動療法の技法や理論はとても役立ちました。これは自画自賛ではありません。理論を構築した研究者の私と、校長として問題対応に当たる実務家の私は別人なのです。しかしこのチャンスを得て、2人の私が上手に対話をしながら本書を完成させたという感じです。ですから、私はこの本が大好きなのです。

②校長の立場で認知行動療法を実践できたこと

担任の先生が子どもたちを指導するように、若い先生方が多いこの学校で、私も先生方の信頼を得られるように行動しました。先生方が精魂込めて学級づくりをなさっているように、私も必死で学校全体を構造化しようと努力しました。先生方が子どもたちに丁寧に対応しているのをみて、私も先生方の話を真摯に「聴く」ことを心がけました。このような実践から、質の高い教育を展開するためには、特定の学級だけに認知行動療法を応用するのは不十分で、学校全体で取り組む必要があることを痛感しました。これは私にとって、かけがえのない発見であり、次なる問題意識に繋がったのです（どうやったらよい学校になるか、という点で）。

編集者の近藤朱さんには心からの感謝の念をお伝えします。前著のみならず、本著もアイデアを練る段階から貴重なアドバイスをいただきました。

本書を毎日忍耐強く教育活動に邁進してくれている附属小学校の仲間に捧げます。素晴らしい同僚を誇りに思います。そして毎朝元気に挨拶してくれる子どもたちに捧げます。みなさんがくれる元気がなければ務まりませんでした。「今のあいさつ、50万点だ!!」とほめながら、自分が癒やされました。本当にありがとう。これからもよろしくお願いします。

本書がたくさんの子どもたちや先生方や保護者の皆様の役に立てれば幸甚です。どうぞ忌憚のないご意見をお寄せください。

2020年8月　松浦 直己

参考文献

- 岩本隆茂／坂野雄二／大野裕共編『認知行動療法の理論と実際』培風館、1997 年。
- 大野裕監修・解説『うつ病の認知行動療法：うつ病対策学習 DVD（アメリカ心理学会心理療法ビデオシリーズ）』JIP日本心理療法研究所、2005 年。
- 坂野雄二編『認知行動療法』（こころの科学／宮本忠雄監修、１２１）日本評論社、2005 年。
- ドーン・ヒューブナー著、ボニー・マシューズ絵、上田勢子訳『だいじょうぶ 自分でできる後ろ向きな考えの飛びこえ方ワークブック』明石書店、2009 年。
- ドーン・ヒューブナー著、ボニー・マシューズ絵、上田勢子訳『だいじょうぶ 自分でできる怒りの消火法ワークブック』明石書店、2009 年。
- 石川信一著『児童の不安障害に対する認知行動療法』風間書房、2010 年。
- 大野裕著『認知療法・認知行動療法治療者用マニュアルガイド』星和書店、2010 年。
- ドーン・ヒューブナー著、ボニー・マシューズ絵、上田勢子訳『だいじょうぶ 自分でできる眠れない夜とさよならする方法ワークブック』明石書店、2010 年。
- ドーン・ヒューブナー著、ボニー・マシューズ絵、上田勢子訳『だいじょうぶ 自分でできる悪いくせのカギのはずし方ワークブック』明石書店、2010 年。
- 石川信一著『子どもの不安と抑うつに対する認知行動療法 理論と実践』金子書房、2013 年。
- ウェブスター・ストラットン著、佐藤容子／佐藤正二監訳『認知行動療法を活用した子どもの教室マネジメント　社会性と自尊感情を高めるためのガイドブック』金剛出版、2013 年。
- American Psychiatric Association 原著、高橋三郎／大野裕監訳、染矢俊幸／神庭重信／尾崎紀夫／三村將／村井俊哉訳、日本語版用語監修／日本精神神経学会『DSM-5 精神疾患の分類と診断の手引』医学書院、2014 年。
- 下山晴彦／神村栄一編著『認知行動療法（放送大学教材）』放送大学教育振興会、2014 年。
- 松浦直己著『非行・犯罪心理学 学際的視座からの犯罪理解』明石書店、2015 年。
- アンソニー・ウォルシュ著、松浦直己訳『犯罪学ハンドブック』明石書店、2017 年。
- 下山晴彦著・シリーズ編集・監修、熊野宏昭／鈴木伸一著『臨床心理フロンティアシリーズ 認知行動療法入門』講談社、2017 年。
- 富田拓著、齊藤万比古／市川宏伸／本城秀次シリーズ監修『非行と反抗がおさえられない子どもたち　生物・心理・社会モデルから見る素行症・反抗挑発症の子へのアプローチ』（子どものこころの発達を知るシリーズ８）合同出版、2017 年。
- エイミー・ウェンゼル／カレン・クレイマン著、横山知加／蟹江絢子／松永美希監訳『周産期のうつと不安の認知行動療法』日本評論社、2018 年。

- 大野裕／奥山真司監訳、磯谷さよ／入江美帆／奥山祐司／川崎志保／工藤寛子／齋藤竹生／柴田枝里子／森下夏帆訳『認知行動療法トレーニングブック［DVD Web 動画付］』医学書院、2018 年。
- 松浦直己『教室でできる気になる子への認知行動療法「認知の歪み」から起こる行動を変える 13 の技法』中央法規出版、2018 年。
- 齋藤嘉宏編　白石裕子／吉永尚紀／石川博康／長浜美智子／田上博喜著『認知行動療法を用いた精神看護実習ガイド 基本から講義・実習 , 施設・地域をつなぐ』看護の科学社、2019 年。
- スティーブン・ピンカー著、橘明美／坂田雪子訳『21 世紀の啓蒙 理性、科学、ヒューマニズム、進歩 上』草思社、2019 年。
- ポール・スタラード著、松丸未来／下山晴彦監訳『子どものための認知行動療法ワークブック 上手に考え、気分はスッキリ』金剛出版、2020 年。
- ポール・スタラード著、松丸未来／下山晴彦監訳『若者のための認知行動療法ワークブック　考え上手で、いい気分』金剛出版、2020 年。

松浦直己（まつうら・なおみ）

三重大学教育学部特別支援教育特別支援（医学）分野教授・同大学教育学部附属小学校校長（併任）、福井大学こどものこころの発達研究センター客員教授。博士（学校教育学、医学）をもつ。神戸大学教育学部卒業後、神戸市公立小学校教諭を15年経験。その後奈良教育大学特別支援教育研究センター、東京福祉大学を経て現職。言語聴覚士、学校心理士、特別支援教育士スーパーバイザー、専門社会調査士などの専門資格を有する。三重県教育委員会就学指導委員会委員長、平谷こども発達クリニックスーパーバイザーなど。
専門は少年非行、特別支援教育、発達障害、犯罪心理学、近赤外線スペクトロスコピーを用いた神経学的評価研究など。
本書に関するご感想などは m5naomi@edu.mie-u.ac.jpまで。

教室でできる気になる子への認知行動療法 実践ワーク編

2020年 9 月15日　初版発行
2023年10月10日　初版第2刷発行

著　者　　松浦直己
発行者　　荘村明彦
発行所　　中央法規出版株式会社
〒110-0016　東京都台東区台東3-29-1中央法規ビル
TEL 03-6387-3196
https://www.chuohoki.co.jp/

編　集　　株式会社スリーシーズン
デザイン　谷 由紀恵
本文DTP　ZEST　長谷川慎一
イラスト　中小路ムツヨ
印刷・製本　株式会社日本制作センター

ISBN978-4-8058-8192-7